憲法9条2項を知っていますか？

―"戦力"と"交戦権"のナンセンス―

佐々木 憲治

日本国憲法
第2章　戦争の放棄

9条2項　前項の目的を達するため、
In order to accomplish the aim
of the preceding paragraph,
陸海空軍その他の戦力は、
これを保持しない。
land, sea, and air forces,
as well as other war potential,
will never be maintained.
国の交戦権は、これを認めない。
The right of belligerency of the state
will not be recognized.

大学教育出版

はじめに

　本書は、2018年3月25日に自民党が決めた「たたき台」にある9条の部分に対する問題提起である。議論の焦点は、端的に言えば憲法9条2項を温存するのか削除するのかである。戦後、軍事を語ることを嫌う風潮が定着した現在、自民党がマスコミや世論の反発に恐れを抱くのは、安保法制のときの喧騒を思えば理解できなくはない。しかし、9条2項の存置という政治判断の前に、そもそも9条2項がどのようなものであるかを知ることも重要である。

　しかし、国会では憲法改正の是非を問う議論ばかりが先行しており、中身の議論がまったくと言っていいほどない。憲法論議に縁がなかった国民にしてみれば、テレビ等で自衛隊の活躍を目にすることはあっても、その懸命な姿とはうらはらに、憲法との関係がうまくつながらないのではないか。今のところ、せいぜい憲法学者の多くが違憲の存在としている自衛隊が、改憲によって合憲の存在になるのだという程度だろう。

　自衛隊の存在を憲法上の位置付けにするにせよ、なぜ一見してよさげに見える9条2項について、この条項を削除するとか、逆に残すという話になるのか……。少々回りくどい説明になることを覚悟で、この疑問の謎解きに正面から取り組もうとしたのが本書である。

　本書の特長は、①それぞれの時代の国際社会の動向を意識していること、そして、②原則として、政府解釈をベースに具体的な事例を取り上げ、実務上の観点からその評価を試みていることである。つまり、学説の紹介や対立からは一定の距離を置き、あくまで条約や法律の条文、それから政府解釈に焦点を当て9条2項の問題点をあぶり出していることだ。それは国会では議論の経緯が尊重されるからであり、交戦権（第3部）を除いて憲法や国際法の学説を取り上げていないのはそのためである。

　そこで本書では、まず第1部で憲法の成り立ちを振り返る。当時の時代背景を横目に見ながら、9条制定の背景を探る。併せて、自衛隊の活動の制約要因の一つと見られている自衛隊の海外派遣禁止決議を取り上げ、その歴史的役

割の終焉を示した。いずれも、9条2項の議論に行き着くための前哨戦といったところか。

　第2部で扱ったのは、9条2項前段の「戦力」であるが、ここで強調したのは、自衛隊の海外派遣時の任務のあり方や自衛官の法的地位についてである。誤解を生んだ非戦闘地域概念の解説も含め、軍事司法の創設も視野に、今日的な課題を検討した。

　第3部では「交戦権」について掘り下げており、いわば本書の"本丸"と言える。交戦権に関しては、正面から取り上げた文献が少ない。その由来や制定の経緯から説き起こしたことで、この議論が低調なまま推移してきた原因の一端と、交戦権規定があるがゆえの実務上の支障を浮き彫りにすることができたと考える。

　歴史から政治、行政、法律へ、また安全保障論議へと寄り道をしながら、9条2項の中身を知ってもらい、読者の判断を仰ごうという流れになっている。この試みが成功したかどうか、読者の判断を仰ぎたい。

　2019年1月

著者

憲法9条2項を知ってますか？
―"戦力"と"交戦権"のナンセンス―

目　次

はじめに ……………………………………………………………………… i

第1部　9条の歴史的背景

1　9条の生い立ち …………………………………………………… 2

(1) マッカーサー・ノート　*2*

(2) 国連憲章による戦争の違法化と自衛権　*5*

(3) 自衛権に対する政府解釈の変遷とGHQ　*9*

(4) 国連による強制措置の変容　*12*

(5) 国際社会の動向と自衛隊の創設　*14*

2　9条2項の軌跡 …………………………………………………… 17

(1) GHQの占領政策と9条2項　*17*

(2) 本書の立場 ― 徹底したリアリズム　*20*

(3) GHQの憲法草案とその受容　*21*

(4) 防衛組織の任務拡大の経緯　*23*

(5) 9条2項の空洞化と自民党改憲案　*24*

3　海外派兵を禁じる参議院決議の歴史的使命の終焉 ………… 28

(1) 有権解釈権の性格　*29*

(2) 有効期間　*30*

(3) 国会決議と法律との優劣関係　*32*

(4) 宇宙の平和利用決議に関する解釈の変遷　*36*

(5) 参議院決議の評価　*39*

目次　v

第2部　陸海空軍その他の戦力（9条2項前段）

1　戦力でない自衛隊の矛盾 ………………………………… 44

(1) 防衛予算と組織原理　*44*

(2) 軍隊でない自衛隊の矛盾とその解消案　*47*

(3) 軍事組織の名称と統制のあり方　*49*

2　武力行使以外の自衛隊による国際活動 ………………… 52

(1) 国連平和維持活動（PKO協力法）の法的性格　*52*

(2) 国外犯処罰規定　*55*

①PKO実施に伴う地位協定／②海賊対処活動実施に伴う課題

(3) 地理的範囲の限定 — 武力行使の一体化の回避　*59*

①周辺事態安全確保法・周辺事態船舶検査活動法 — 後方地域支援／②重要影響事態等船舶検査活動法

(4) 地理的範囲の限定 — 非戦闘地域　*64*

①テロ特措法／②イラク特措法／③後方地域・非戦闘地域／④目的論 v. 法律論

(5) グレー・ゾーン事態　*72*

①マイナー自衛権／②領域警備／③その他のグレー・ゾーン事態

第3部　交戦権（9条2項後段）

1　そもそも交戦権とは何か ………………………………… 76

(1) 交戦権に関する議論　*78*

(2) 交戦権規定の経過　*82*

(3) 交戦権概念の変容とその評価　*85*

(4) 学説等の一般的な傾向　*87*

(5) 本書の立場　*92*

①アメリカの軍法及び軍事法廷（＝軍事委員会）／②マニラの軍事委員会の設置及び審理手続／③マッカーサー元帥の関与／④筆者の説

(6) 9条と国際政治との関係再考　*97*

2 交戦権の意味・内容に関する政府の対応 ……………… 100

(1) 政府の交戦権解釈から生じる問題 *100*

(2) 司法審査の可能性と国際的視点 *104*

3 立法例による交戦権否認条項の空洞化 ……………………… 106

(1) 機雷掃海 *106*

(2) 占領行政 *109*

    ①イラク特措法／②米軍行動関連措置法

(3) 臨検・拿捕 *112*

    ①武力攻撃事態等海上輸送規制法／②海上阻止活動等

4 自衛権の及ぶ地理的範囲の設定と敵国の対応 ……………… 118

(1) 領海外の自衛隊の活動と交戦権否認条項 *118*

(2) 交戦権否認条項に対する敵国の対応 *120*

    ①交戦否認条項の無視／②交戦否認条項の利用

5 国際法及び国際社会の姿勢 ……………………………………… 123

(1) 交戦権否認条項に対する司法審査の行方 *123*

(2) 戦場のルール：ゲームズマン・シップvsスポーツマン・シップ *124*

おわりに ……………………………………………………………… 127

参考文献 ……………………………………………………………… 130

あとがき ……………………………………………………………… 159

第1部　9条の歴史的背景

1 9条の生い立ち

(1) マッカーサー・ノート

　まず、9条が制定されるに至った経緯をおさらいしておこう。本書が焦点を当てる9条2項にたどり着くためである。9条は次の文言から始まる。「日本国民は、正義と秩序を基調とする国際平和を誠実に希求し、国権の発動たる戦争と、武力による威嚇又は武力の行使は、国際紛争を解決する手段としては、永久にこれを放棄する」。制定当時も今も、戦争を嫌う国民の心情に訴える力をもっている。この条項は、第二次大戦の敗戦を契機に、厳しい反省に立って、新たな日本の再建と復興に向かうという、当時の国民の強い思いと合致しているとみることもできる。

　では、9条全体を流れる思想はどこから来たのか。締約国が「戦争に訴えない義務」を受諾することから始まる国際連盟規約[1]は、様々な紛争処理制度を有していたが、十分に機能しなかった。また、不戦条約[2]も、国際紛争の解決のため戦争に訴えることや国家政策の手段として戦争を放棄すること（1条）が謳われるとともに、国際紛争の解決を平和的手段に限ることを求めていた（2条）。両条約とも画期的なものであったが、自衛目的の戦争は除外されず、強制力を欠いていたため、第二次大戦の勃発を防げなかった。わが国は自衛を名目に大陸に進出し、国際連盟（League of Nations）から脱退して日中戦争から太平洋戦争へと続く戦争の当事国となってしまった。

　そして、「われらの一生のうちに二度まで言語に絶する悲哀を人類に与えた戦争の惨害」（国連憲章前文）という厳しい時代認識に立って、1945年10月に産声をあげた国際連合（United Nations）[3]は、国連憲章2条4項において「すべての加盟国は……**武力による威嚇又は武力の行使を**……慎まなければな

らない」とした。この考えが、マッカーサー元帥が敗戦の半年後に連合国軍司令部（以下「GHQ」という）民政局宛に出した1946年2月3日付のマッカーサー・ノート（3原則）[4]につながる。この文書が発出された背景として、その2日前の毎日新聞に掲載された日本政府作成の「松本委員会案」の内容について、マッカーサー元帥が不満を抱いたこと、そして、これでは日本の民主化のために不十分であり、国内世論も代表していないと判断されてしまった[5]ことが理由とされている。こうして、新憲法に盛り込むべき必須の要件を提示して、配下の民政局に対して憲法草案を作成するよう命じたというのである。9条に関係するのは、そのうちの2原則目であり、次のとおりである。

〈マッカーサー・ノート第2原則〉

― 国権の発動たる戦争は、廃止する。（→9条1項へ）
― 日本は、紛争解決のための手段としての戦争（→9条1項へ）
　さらに自己の安全を保持するための手段としての戦争をも、放棄する。
　（後に削除、草案の文言には反映されていない）
― 日本はその防衛と保護を、今や世界を動かしつつある崇高な理想に委ねる。
　（→前文へ）
― 日本が陸海空軍を持つ権能は、将来も与えられることはなく（→9条2項前段へ）
　交戦権が日本軍に与えられることもない。（→9条2項後段へ）

　表現ぶりは多少異なるものの、現行憲法の前文と9条を彷彿とさせる表現に驚く。以下、国際連盟規約、不戦条約、国連憲章も含め、戦争の違法化とマッカーサー・ノート、9条1項と2項との関係を整理してみる。

第 1 部　9 条の歴史的背景

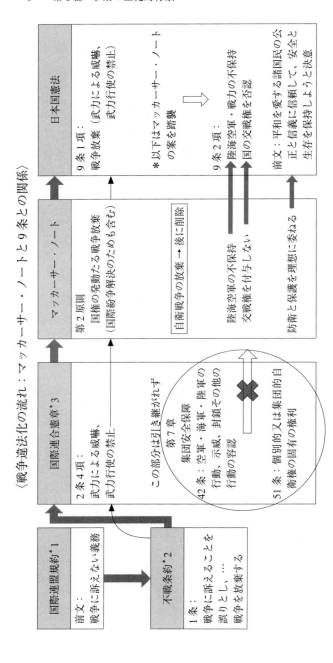

国際連盟規約（1920年）から不戦条約（1929年）、そして国連憲章（1945年）へと続く戦争放棄の流れ（9条1項及び前文）が、マッカーサー・ノート（1946年）に引き継がれた姿が見えてくる。しかし、マッカーサー・ノートは①国連憲章に明示されている固有の自衛権（51条）を無視し、自衛戦争を禁止するとして、わが国の自衛権自体も否定したこと（後に削除）、同じく、②国連憲章42条に定める集団安全保障の中核である国連軍の基盤となる軍隊の保有及び「示威、封鎖その他の行動」と表現される交戦権（後述）を否定する内容を盛り込んだことが特筆される。

結果として、マッカーサー・ノートを基盤として、その上に9条2項が定められ、それが帝國議会の審議の結果、所要の修正（9条関係ではいわゆる「芦田修正」）を経て、翌1947年に施行される日本国憲法に連なったという道筋が見えてきた。

(2) 国連憲章による戦争の違法化と自衛権

9条の歴史的背景を語る上で、もう一つ忘れてはならないのは、第二次大戦の反省に立った国連の創設に当たり、国連憲章には「集団安全保障（collective security）」という仕組みが組み込まれていることである。この事実に触れずに9条の規定だけを見ると、議論が空想的平和論に至る。9条の理想的な響きによって「平和憲法」という側面だけが強調される原因の一つがここにある。しかし、1945年に採択された国連憲章は、以前の不戦条約等の精神をより具体的に規定しながらも、同時に7章で集団安全保障措置という強制措置を認めることとなった。乱暴な言い方をすれば、「決まりを破って悪さをした国を、みんなでとっちめよう」という仕組みである。

この7章の肝として42条と51条を見てみよう。42条は国連安保理事会が経済制裁等では不十分なときは空軍、海軍または陸軍の行動が可能なことを定め、51条は国連加盟国に対して武力攻撃が発生した場合には、安保理が集団安全保障措置をとるまでの間、個別的又は集団的自衛の固有の権利を行使できることが明示されている。

少し前に触れた国連憲章2条4項を思い出してほしい。加盟国は、"武力による威嚇"や"武力の行使"が禁じられたことを述べたが、これを"戦争の違法化"という。世間の実感には合わないが、殺人は違法とされていても、殺人はなくならないのと似ているかもしれない。とにかく国際法の世界では、戦争は既に禁止されている。だから戦争と言わずに、しばしば国際的武力紛争（international armed conflict）といった言葉に置き換えられているが、いくら戦争を別の言葉で言い換えても[6]、武力を用いた紛争はなくならない[7]。戦争の禁止は、国際連盟規約や不戦条約でもその理念は重視されていたものの、現実には戦争の発生を防げなかった。その厳しい反省に立って、ある種の強制力の必要性が痛感された。それが国連の集団安全保障措置（国連憲章7章）である。

　このようにして、国家は戦争を紛争の解決手段とする道を法的に封じられた（国連憲章2条4項）が、他方で国連は各加盟国に対して自衛権の行使と集団安全保障という強制措置をとることも認めている。冷めた言い方をすれば、名目の如何を問わず武力をもって攻撃されたら、個別又は集団の武力でもって反撃する。さらに、安保理が主導する「国際の平和及び安全の維持に必要な措置」として、国連憲章42条に、具体的な強制措置を規定している。勧告や経済制裁、外交関係の断絶等の手段を尽くしても不十分なときは、安保理は国際の平和及び安全の維持又は回復に必要な陸海空軍の行動をとることができる。この行動は、国連加盟国の陸海空軍による示威、封鎖その他の行動を含むものであり、これら兵力による軍事的強制行動は、いわゆる国連軍によってなされる。このあと43条から50条まで国連軍の具体的な編成、運用のための特別協定や軍事参謀委員会という集団安全保障を実行するための組織等に関する規定が並んでいる。国際社会の法と秩序を破壊しようとする者（悪さをした国）に対して、国際社会が一丸となって軍事行動で対処しようとする姿が映し出されている。ただし、この集団安全保障の発動について、国連憲章51条では加盟国は集団安全保障措置が取られるまでの間、"個別的又は集団的自衛"を加盟国の固有の権利と認め、その行使を認めている。これが国連憲章に定める集団安全保障の仕組みの中に登場する自衛権行使のあり方である。

　では、集団安全保障措置の実践として国連軍は機能したのか。1950年の朝

鮮戦争における“朝鮮国連軍”は、その名称とは裏腹に、本来、国連憲章が想定していたような集団安全保障措置でないとされる。その理由は、①安保理常任理事国の一角を占めるソ連が、中国の代表権問題で安保理への欠席戦術をとっていたため、拒否権を有するソ連不在の中で安保理決議が採択されたこと、②国連軍編成のために必要な特別協定の締結（国連憲章43条）がなく、しかも③アメリカ軍主導の国連軍が編成されたからである。朝鮮国連軍に対して、そう評価すれば、現在に至るまで国連憲章が想定していたような形態の集団安全保障措置は存在しない[8]。現在、国連憲章で確実に機能していると言えるのは、国連憲章51条から集団安全保障を除いた部分、つまり、“安保理への報告”という条件付きの加盟国の個別的又は集団的自衛権である。しかし、わが国では、GHQが国連憲章の中から自らの占領行政にとって都合のよい2条4項のみをつまみ食いしたため、9条の下でも固有の自衛権が明示的に否定されていないにもかかわらず、当初のマッカーサー・ノートの影響を受けたと見られる政府解釈の混乱もあり、自衛権の保有が明確ではなかった。

　そのような矛盾をはらみながら1952年に至り、日本はサンフランシスコ講和条約[9]に署名し、GHQによる占領支配を離れ、念願の独立を果たすとともに、旧日米安保条約[10]を締結した。サンフランシスコ講和条約には「その国際関係において、**武力による威嚇又は武力の行使**は、いかなる国の領土保全または政治的独立に対するものも、また、国際連合の目的と両立しない他のいかなる方法によるものも慎むこと」（5条（a）（ii））として、国連憲章2条4項、及び日本国憲法9条1項に連動する規定がある。

　重要なのは、「日本国が主権国として国際連合憲章51条に掲げる個別的又は集団的自衛の固有の権利を有すること」（同条（c））として、わざわざ集団的自衛権の保有を明記していることである。現行の日米安保条約[11]に規定する「武力による威嚇又は武力の行使の禁止」（1条）や「集団的自衛権の保有」（前文）と同じ書きぶりである。この事実から、少なくとも国際社会としては、9条1項の武力行使の禁止条項があることを承知で、敢えて明文をもって日本の自衛権行使を認めたものと評価できる。

　ついでに言うと、旧日米安全保障条約の前文には「日本に独自の防衛力が充

分に構築されていないことを認識し、また国連憲章が各国に自衛権を認めていることを認識し、その上で防衛用の暫定措置として、日本はアメリカ軍が日本国内に駐留することを希望」する旨のくだりがある。前段は、9条の下にあっても、将来、日本に独自の防衛力が構築されることを前提とした暫定措置であり、後段は、国連憲章によって日本も自衛権を保有することを前提とした暫定措置であることの確認規定である。現行の安保法制の議論において展開された集団的自衛権のあり方を考える際、再認識しておいていい条項であろう。

　GHQによる円滑な占領行政の遂行という目的に資するため、占領当初は、旧軍の完全な武装解除を求める考え方がマッカーサー・ノートに記載された。しかし、時代を経るにつれ、国際社会の共通理解は、①武力による威嚇と武力の行使の禁止（国連憲章2条4項）と②武力攻撃を受けた場合の個別的自衛権（individual self-defense）または集団的自衛権（collective self-defense）の行使（国連憲章51条）、及び③集団安全保障（collective security）（同条）の発動は、当然の前提であったと考える。このようにして、占領行政が進む中で、第二次国共内戦や朝鮮戦争が勃発し、深刻の度を強めた地域情勢に対峙するというアメリカ本国の政策変更により、わが国に対し、再軍備を求める姿勢に転じたと見ていいだろう。

　ここで、混乱を来しかねない読者のために、集団安全保障（collective security）と集団的自衛権（collective self-defense）の違いを示す。集団安全保障とは、平和に対する脅威、平和の破壊または侵略行為が発生したような場合に、国際社会が一致協力して、このような行為を行ったものに対して、適切な措置をとることにより、平和を回復しようとする概念である[12]。ざっくり言えば、ある国が、国連加盟国の一国に対して武力攻撃をしかけた場合、安保理決議に基づき、他の加盟国は、攻撃をしかけた国に対して、共同して反撃するという仕掛けである。これに対し、集団的自衛権とは、国際法上、自国と密接な関係にある外国に対する武力攻撃を、自国が攻撃されていないにもかかわらず、武力を行使して阻止することが正当化される場合、国連憲章2条4項の定める武力行使の一般的禁止に対する違法性阻却事由である[13]。回りくどい言い方だが、ある国が安保条約等を締結し同盟関係にある中で、敵国がそのうちの一国に攻

撃をしかけた場合、同盟国は自国が攻撃を受けていなくても、攻撃を受けた国と共同して攻撃をしかけた国に反撃しても違法ではないという仕組みである。前者は国連憲章の枠内で機能する安全保障のシステムであるが、後者は同盟国相互間の安全保障システムと言える。各国による共同対処という部分は共通するが、両者は似て非なるものである。

(3) 自衛権に対する政府解釈の変遷とGHQ

　さて、ここでは自衛権に関する政府解釈の変容が、GHQの占領姿勢の変化と連動している事実を指摘したい。新憲法の公布前、当時の吉田総理は、原夫次郎衆議院議員（日本進歩党）に対して「平和国際団体（国連）が確立された場合に、もし侵略戦争を始める者、侵略の意思をもつて日本を侵す者があれば、是は平和に対する冒犯者」であり、「平和に対する国際的義務が平和愛好国もしくは国際団体の間に自然に生ずる[14]」と答え、当時黎明期にあった国連（1945年10月設立）の役割に期待している。そして、その2日後さらに踏み込んで自衛権の存在を主張する野坂参三衆議院議員（日本共産党）に対して、「交戦権放棄に関する草案の条項が期すところは、国際平和団体の樹立にある……。国際平和団体の樹立によって、あらゆる侵略を目的とする戦争を防止しようとする」という認識を示している。つまり、「もし平和団体が、国際団体が樹立された場合においては、正当防衛権を認めるということそれ自身が有害である[15]」として、自衛権をも否定した上で、国連に対して全幅の信頼を置いた答弁となっている。この時代の空気感が伝わってくるが、徹底した武装解除状態にあった当時、わが国に自衛力がなかった時代の現実を反映している。

　ところで、1952年のサンフランシスコ講和条約5条（a）（iii）は、「国際連合が憲章に従ってとるいかなる行動についても国際連合にあらゆる援助を与え、且つ、国際連合が防止行動又は強制行動をとるいかなる国に対しても援助の供与を慎むこと」と規定する。とりわけ前半部分は、国連が集団安全保障措置をとる場合には、加盟国には参加協力義務が課せられているとも読める規定である。事実、国連加盟に当たって、わが国は1952年6月16日、岡崎勝男

10　第1部　9条の歴史的背景

外務大臣から国連事務総長宛に「国際連合加盟申請書」を提出しているが、その前（1950年頃）に国連の集団安全保障への関与と9条との関係について、留保を付すべきか否かの議論が政府部内で行われている[16]。

　結局、留保には至らなかったが、この事実から、憲法制定前後は、自国の安全保障を国連に委ね、あたかも国連の権威によって、戦争が防止できるかのような強い期待が寄せられていたものの、その期待が急速にしぼんでいた様子がうかがい知れる。早くも新憲法施行から3年後の1950年には、GHQの要請に応えるかたちで、朝鮮戦争に対処するため、海上保安庁による掃海活動を実施しているが、国連加盟に当たって留保を付そうとしていた事実は、国連加盟に際し他国と同様の条件となれば、集団安全保障への全面的な参加を懸念していたという解釈も成り立つ。

　しかし、それまでの国連の運用実態から、国連に加盟しても、文字通りの集団安全保障措置への参加が強要されるわけではないことがわかってきた。参加を要請された場合でも、9条の存在をアピールすれば、その要請を回避できると踏んだのではないか。むしろ9条をそのまま読むと、自衛権の存在すら否定しているかのように受け止められることを奇貨としたとも考えられる。さらに言えば、自衛権論議も収束してないという状態を演出しながら、集団安全保障の前段としてある集団的自衛権の行使を控えるかたちで、国際社会からの要請を回避する姿勢があったと見ることも可能である。自衛権の存在を曖昧にすることで、軍事的な色彩を薄めて国連に加盟したと考える余地も出てくる。

　以上、見てきたように、9条は国連憲章2条4項やマッカーサー・ノートの強い影響を受けているが、肝心の国連憲章7章への言及が抜け落ちたまま制定されている。日本の民主化というより、旧軍の武装解除というGHQの占領目的の色彩が強かったと言うべきである。

　9条1項について、条文解釈の問題としては、従来から様々な学説が対立しており、この条項単体では自衛権の存在を断定できていない。ただし、政府は、自衛隊が存在し必要な防衛力を構築していることから、大きな実務上の支障はないと判断しているのかもしれない。しかし、広すぎる解釈の余地や無理な解釈を強いるような条文では、憲法に対する国民の信頼をなくしてしま

う。よって、国連憲章にも認められている自衛権行使のあり方を、別の条項なり、安全保障基本法（仮称）といった法律の制定によって補完するのであれば、9条1項自体は、国際政治の理想的な将来を見越して取り込んだものとして、その趣旨は尊重されるべきものと考える。

〈自衛権関連の条文と政府解釈の推移〉

1945年　国連憲章51条

　この憲章のいかなる規定も……個別的又は集団的自衛の固有の権利を害するものではない。
→加盟各国は、個別的・集団的自衛権の固有の権利を有する。

1946年2月3日　マッカーサー・ノート第2原則

　自己の安全を保持するための手段としての戦争をも、放棄する。
→第2原則では、自衛権をも放棄していたが、GHQ もさすがにやり過ぎたと思ったのか、2月13日に発表された総司令部案では、この部分は削除された[17]。

1946年6月26日　吉田総理（当初）

「一切の軍備と国の交戦権を認めない結果、自衛権の発動としての戦争も放棄した」。

1946年7月9日　金森德次郎国務大臣

「（憲法9条と国連憲章51条の間に）若干の連繋上不十分なる部分がある」。
→議会と政府において、「自衛権」をどう扱うかについての問題意識は共有されていた。

1950年1月1日　マッカーサー元帥の『年頭の辞』

「この憲法の規定は……相手側から仕掛けてきた攻撃にたいする自己防衛の冒しがたい権利を全然否定したものとは絶対に解釈できない」と表明。

1950年1月23日　吉田総理（施政方針演説）

「戦争放棄の趣旨に徹することは、決して自衛権を放棄するということを意味するものではない」として前言撤回。

1952年　サンフランシスコ講和条約5条（c）

「（連合国は）日本国が主権国として国際連合憲章51条に掲げる個別的又は集団的自衛の固有の権利を有すること及び日本国が集団的安全保障取極を自発的に締結することができることを承認する」。
→自衛権の保有だけでなく、国連の集団安全保障措置に参加することも可能とした。

1952年　旧日米安保条約前文

日本に独自の防衛力が充分に構築されていないことを認識し、また国連憲章が各国に自衛権を認めていることを認識し、その上で防衛用の暫定措置として、日本はアメリカ軍が日本国内に駐留することを希望……。

→国連憲章は、加盟国に固有の自衛権を認めており、日本との講和条約を締結することによって、国連憲章51条が定める個別的自衛権と集団的自衛権を有することを確認する。しかし、この条約の締結によって、自衛権の保有が認められることとなったとしても、日本には敗戦により自衛権が十分に構築されていないので、将来、自衛権が構築されるまでの暫定的措置として、米軍の駐留を希望すると読める。

1956年　日ソ共同宣言[18]3二段

（日ソ両国）は、それぞれ他方の国が国連憲章51条に掲げる個別的又は集団的自衛の固有の権利を有することを確認する。

→東西冷戦下にあって、ソ連が、わが国に対し加盟国の固有の権利である集団的自衛権の存在とその基盤である日米同盟の存在を認めていたことがわかる。

1960年　現日米安保条約（前文）

両国が国際連合憲章に定める個別的又は集団的自衛の固有の権利を有していることを確認し…

1972年　集団的自衛権と憲法との関係（参議院決算委要求資料）

わが国は国際法上いわゆる集団的自衛権を有しているとしても、国権の発動としてこれを行使することは、憲法の容認する自衛の措置の限界をこえるものであつて許されない。（中略）したがって、他国に加えられた武力攻撃を阻止することをその内容とするいわゆる集団的自衛権の行使は許されない。

2015年　武力行使の新3要件（政府解釈変更—集団的自衛権の一部行使）

我が国と密接な関係にある他国に対する武力攻撃が発生し、これにより我が国の存立が脅かされ、国民の生命、自由及び幸福追求の権利が根底から覆される明白な危険があること。

(4) 国連による強制措置の変容

　ここで、もう一つ、9条の背景を理解する上で重要な前提について述べたい。国連による強制措置の変容である。日々変動を続ける国際社会において、1945年に制定された国連憲章が現実の国際政治の動きにキャッチアップできていない現実がある。多国間条約に内在する構造的な問題と言っていい。その理由は、ひとたび多国間条約が締結されると、その改正には、多大の労力が必要であることによる。身近な例で言えば、明治時代の欧米列強に対する関税自主権の回復や治外法権の撤廃などの条約改正問題が想起されようし、旧敵国条項（国連憲章53条・107条など）の削除問題や安保理改革が頓挫している状況からも、その困難さが容易に見てとれる。違法化された武力の行使に対して

も、拒否権を有する安保理常任理事国同士の対立が常態化する中で、国連軍の編成が事実上困難となったのもうなずける。しかし、そのような状況下でも、人道上、必要かつ緊急の措置が求められる場合、傍観は許されず、国際社会は、国連憲章の改正を待たずに対応してきた歴史がある。

　第2部で取り上げる国連平和維持活動（Peace Keeping Operation、以下「PKO」という）は、国連憲章外の国連による集団安全保障"的"とも言える活動の典型例である。目前の事態の収拾を優先するという積極的な姿勢が先行した結果、国連憲章に定めがないまま事実が先行し発展してきた。PKOはハマーショルド元国連事務総長（第2代）の言う、国連憲章6章半と称されてきた所以であろう[19]。国連憲章にはPKOの明文規定はないが、国連憲章には6章にある「紛争の平和的解決」と、同7章の「平和に対する脅威、平和の破壊及び侵略に関する行動」の諸規定がある。この6章と7章の中間の活動を指す意味で"6章半"という表現が用いられたのは、必要に応じ発展してきたPKOの性格を物語るものであろう。

　また、国連安保理において、例えば、"必要なあらゆる手段をとる（to use all necessary means）"という、加盟国に武力行使を授権することを意味する"武力行使容認決議"が採択されれば、多国籍軍というかたちで、深刻な問題が生起している国に対する武力行使が可能となっている。湾岸戦争（1990年）を始め、ソマリア内戦（1992年）、ユーゴスラビア紛争（1992年）、ルワンダ（1994年）等で実績がある。

　国際法において、国連憲章を始め、条約や協定は重要な法源であるが、確たる条文がなくても、PKOのように安保理決議による国家実行の積み重ねによって、一般化されている活動もある。また、国連安保理において武力行使容認決議の議決といった方法をとることによって武力行使を認めるような実態もある。これらが国際法の理解を難しくしているが、国際法を見る視点として、条約だけではなく、蓄積されてきた国際慣習にも留意しつつ、憲法との関係性を検討しなければならない。

14　第1部　9条の歴史的背景

(5) 国際社会の動向と自衛隊の創設

　なぜ、9条を説明するのに、国際社会の動向を書き連ねたかと言えば、法は、その時代の一面を映し出す鏡でもあるからだ。9条制定の背景には、打ち続いた戦禍に疲弊し、戦地で傷ついた将兵は言うに及ばず、広島、長崎に投下された原爆や大規模な空襲で多大な犠牲を強いられたことによる国民の平和を求める強い願いがあったのは事実だろう。しかし、同時に、その強い願いを円滑な占領行政の遂行のために利用したGHQの存在やわが国の敵国だった諸国の思惑があったのも確かだろう。憲法前文にいう「平和を愛する諸国民の公正と信義に信頼」するというナイーブな表現も、敗戦後の国民が抱いた理想主義への願望と決意を表すとともに、わが国がそういった政治姿勢をもつことは、周辺諸国にとっても都合がよかったはずだ[20]。

　しかし、9条1項で禁止された"武力による威嚇"または"武力の行使"の源流は、国連憲章2条4項であるが、同じ国連憲章7章において集団安全保障の実行部隊の基礎となる各国の軍隊の存在（42条）や個別的又は集団的自衛の固有の権利（51条）を加盟各国に認めていた事実はなおざりにされてきた。つまり、憲法制定当初は、吉田総理の言葉を借りれば、自衛戦争の名の下で戦争が行われてきた史実を引き、自衛権すら否定する時期もあった。その理由としては、当時は国連憲章2条4項を"つまみ食い"したマッカーサー・ノート第2原則を"丸飲み"させられた現実があったからではないか。

　他方、1952年に独立を達成し、1956年に国連に加入したとき、わが国は、国連憲章7章に定めのある集団安全保障の権利・義務を負うという選択をしなかった。1954年の自衛隊の発足に当たって、改憲による自衛権の明記に至らなかった理由も、集団的自衛権も含めた自衛権や国連の集団安全保障体制に対する理解が不足していたからではないだろう。事実、制憲議会において、まさにこの点についての議論が行われていたからである。後の芦田修正につながるものであるが、芦田均委員（衆議院憲法改正委員会）が、「憲法改正案第9条が成立しても、日本が国際連合に加入を認められる場合には、憲章第51条の制限の下に自衛権の行使は当然認められる」と強調して政府側の認識を質し

ている。これに対し、金森徳次郎国務大臣は、憲法9条と国連憲章51条の間に「若干の連繋上不十分なる部分がある」ことを認めている。この事実から言えることは、当時から議会と政府において、「自衛権」の存在をどう扱うかについての問題意識が共有されていたことである。しかし、金森大臣が言った、「その時に何らかの方法をもって、この連絡を十分にさせる提案は考慮でき、必要な措置を講ずる」という予想は裏切られることになる[21]。

〈芦田修正[*1]について〉

　"芦田修正"は、制憲議会において、芦田委員長の下で行われた修正であり、9条1項に国際平和を希求する旨の文言に加え、9条2項に「前項の目的を達するため」という文言を挿入したものである。"前項の目的"を、国際紛争の解決のための武力行使等の禁止であると限定的に解釈することで、9条2項で保持しないとした陸海空軍その他の戦力も、自衛のためであれば許されるという説である[*2]。国家として、自衛戦力の保有を確保しようとした苦肉の解釈と評価する。
　芦田元委員長は、「一つの含蓄をもってこの修正を提案した」と証言しているが[*3]、制憲議会の速記録には修正の趣旨が自衛戦力保持のためとする旨の記述がないとされ[*3]、前後の文章のつながりの観点から入れられたとする証言もある[*4]。芦田修正を認めるとしても、自衛戦力の保有を強調したかったのであれば、「(国際紛争を解決する手段としては)陸海空軍その他の戦力は、これを用いない」とすることもできたし、周辺諸国で発生した国際紛争と自衛権発動との明確な線引きも困難である。
　いずれにせよ、政府はある種の自衛戦力の保有を合憲であると解釈[*6]したからこそ、自衛隊を創設し今日に至る。本書は、わが国が固有の自衛権を保有し、自衛隊は合憲の存在であることを前提としていることから、敢えて芦田修正に依拠する必要はないという立場だ。ただし、自衛隊を"自衛のための必要最小限度の実力組織"であって、戦力未満とする政府解釈の問題点については、第2部において取り上げる。

＊1　阪田雅裕『政府の憲法解釈』(2013年、有斐閣)、76頁。
＊2　例えば、石破茂委員、衆議院予算委員会議録4号(2012年2月2日)、26頁、森清委員、衆議院安全保障特別委員会議録5号(1985年4月17日)、8頁。
＊3　芦田均委員、憲法調査会第7回総会議事録(1957年12月5日)、90-91頁。
＊4　横畠裕介内閣法制局長官、衆議院外務委員会議録18号(2014年5月30日)、4頁。
＊5　鈴木義男参考人、参議院内閣委員会会議録38号(1956年5月7日)、21頁。
＊6　藤村修内閣官房長官、衆議院予算委員会議録11号(2012年2月17日)、24頁。

　金森答弁から10年後の国連加盟時になされた議論は、1946年当時の議論の再現である。ようやく9条の解釈が定着し始めたときに、折しも冷戦が激化している状況下において、政府は敢えて改憲によって集団安全保障下にある自衛権を明文化するリスクをとらなかったのではないか。つまり、1950年の

警察予備隊の発足こそ、朝鮮戦争に勢力を割かれたアメリカ本国の意を受けた
GHQからの再軍備要求に応えるため、日本政府は、GHQの指令に基づくポツ
ダム政令（警察予備隊令）[22] という手法をとって、国会審議をスルーした。し
かし、1952年、保安隊に改組し、続いて1954年には、いわゆる防衛二法の
制定により、自衛隊を創設した[23]。この過程は、自衛権行使が可能な実力組織
を段階的に編成することによって、冷戦期、改憲というハードルの高い法的手
段によらずして、裏から自衛権を認めるという手法をとったと見ることも可能
である。

　さらに、"1960年安保"後には、事実上、改憲したのと同じ法的効果が得ら
れるのであれば、改憲の必要性は薄れたという政治判断があったのではない
か。その副次的な効果として、現実とのギャップに目をつぶることと引き換え
に、敢えて"軽武装"という政策選択を継続することも可能となったと考える。

2 9条2項の軌跡

(1) GHQの占領政策と9条2項

　9条の制定過程において、GHQが本気で旧軍の武装解除を意図していたことは明らかである[24]。アメリカ軍に、旧軍との熾烈な戦闘の記憶があったのは想像に難くない。1945年7月26日、米英中の3か国によって発せられたポツダム宣言を見てみよう。日本の無条件降伏を求めた13か条から成る宣言であるが、「七」に「日本国の戦争遂行能力が破砕」されるまで「占領」が継続され、「九」には「日本国軍隊は完全に武装を解除」するという文言がある。日本政府は、結局、無条件降伏とされていたポツダム宣言を、「天皇の国家統治の大権を変更する要求を包含していないとの了解の下に受諾」[25]した。国体護持の条件が満たされたと信じたからである[26]。ポツダム宣言は、本来は戦争終結という効果を狙ったものである。しかし、問題は、その終戦の実現という一時的・限定的な効果を目的とする宣言によって、旧軍の完全な武装解除の効果を将来にわたって固定化させようとしたことをどう見るのかである。すなわち、主権国家の根本にかかわる事項を、恒久的な国の基本法である憲法の条項に埋め込んだ事実についての評価である[27]。

　実際に、GHQ民政局が日本政府に示したマッカーサー・ノートの2原則目の最後のくだりには、「**日本が陸海空軍を持つ権能は、将来も与えられることはなく、交戦権が日本軍に与えられることもない**」とあった。現行9条2項は、「前項の目的を達するため、陸海空軍その他の戦力は、これを保持しない。国の交戦権は、これを認めない」という規定ぶりになっており、ほとんど同じ項目が含まれている。とにかく旧軍の復活を恐れ、武装解除の実現に加えて、それまで各国の軍隊が有するとされてきた交戦権をも剥奪して、完全に息の根

を止めようとした意図がうかがえる条項である。また、当初、自衛戦争の放棄の項目もあったが、さすがに後に出された司令部案には採用されていない。ただし、GHQからそのような案が出されていたことは、結果として、後に自衛隊を違憲とする論者の意見に正当性を付与するような恰好となった。

　戦争を違法化し、国際的武力紛争という言葉に置き換えても、残念ながら世の中から争いの種は消えない現実に目を向ければ、陸海空軍その他の戦力の不保持と交戦権の否認の下りは、終戦直後に予想された政治的な混乱を乗り切るための政治的な方便だったと言わざるを得ない。

　この条項を見て言えるのは、憲法の個別の文言が示す内容以前の問題として、"押しつけ憲法論"者が用いる論拠[28]を借りれば、1910年（わが国は1912年に批准）の陸戦の法規慣例に関する条約[29]の条約附属書「陸戦の法規慣例に関する規則」43条に定める"占領地の法律を尊重する"義務の違反が挙げられる。同条は、「国の権力が事実上占領者の手に移った場合、占領者は、絶対的な支障がない限り、占領地の現行法律を尊重して、なるべく公共の秩序及び生活を回復し確保するため、施し得る一切の手段を尽くすべき」旨を規定する。この条文に照らせば、占領地の法律、つまり当時、日本に存在していた法令の尊重義務を怠って、自らの占領方針を憲法にまで高めて強要した事実は否めない。ただし、ハーグ陸戦条約は、戦後の占領には適用されないという反論もあり決着を見ないが、戦後の占領なら強要してもいいということにはならないだろう。

　他方、ポツダム宣言の「十」の後段には、「日本国国民の間における民主主義的傾向の復活強化に対する一切の障害を除去」、「言論、宗教及び思想の自由並びに基本的人権の尊重」が謳われ、また「十二」には「日本国民の自由に表明された意思に従い、平和的傾向を有し、かつ責任ある政府が樹立」されたら撤収する方針が示されている。これは、うち続く戦禍に疲弊した、当時の国民意識にも合致する面があったことも事実だろう。押し付け憲法論に対しては、国会において必要な法的手続を踏んでおり、法的瑕疵はないという説もある[30]。また、憲法という最高法規にしなければ、日本社会に固く根を張った軍国主義を放逐できなかったという思いや、そのためにGHQの力を利用した面

もあったかもしれない。しかし、いずれにせよ、この憲法の下、戦後70年に
もわたって国民主権、平和主義、基本的人権の尊重という考え方が定着してき
たことは事実であり評価できる。また、マッカーサー元帥自身、戦争放棄を世
界に先駆けて実現しようとする動きに対して、アメリカ合衆国の成り立ちを引
き合いに、主権を有していた各州がその有する権利を投げ出して連邦国家を形
成した歴史になぞらえ、武装解除と交戦権を否認しようとする我が国の憲法を
称える高邁な演説をしたこともある。後に朝鮮戦争時、中国本土への原爆の使
用を主張するなど豹変するが、少なくとも演説の時点では、理想社会の実現を
夢見ていた瞬間はあったのかもしれない[31]。これに加え、①法的手続の面から
も、降伏文書[32]に署名したことによって、その中にあった「「ポツダム」宣言
の条項を誠実に履行すること」という内容も承認したと見るべきこと、②民主
主義を求める民間草案も存在し、この動きにGHQも連動する動きがあり、国
民の側からも民主化の要求が強かったこと、③帝国議会で正式に修正及び可決
されたこと[33]、④改憲の機会がありながら、これまで実現しなかったのは、改
憲をよしとしない国民の意思によると見るべきことといった側面もある。こう
いった事情も考慮する必要があるだろうが、こうなると法的手続を巡る論争は
水掛け論の様相を呈する。

　ただし、当時の安全保障環境に留意する必要がある。1946年当時の国民目
線からは、自国の安全は、占領軍として君臨するアメリカ軍と前年の1945年
に設立を見た国連が主導する集団安全保障体制を信じたかったという歴史的な
背景もあるだろう。加えてGHQによる占領下にあったわが国に対しては、円
滑な占領行政の遂行と同時に、1950年に勃発した朝鮮戦争や戦後に顕在化し
た東西冷戦に対抗するために"封じ込め政策"が遂行され、それが共産主義勢
力からの防波堤と位置付ける"ドミノ理論"にもつながった[34]。アメリカ本国
の方針は、ソ連等の共産主義勢力の膨張を食い止めるためには、ヨーロッパ・
アジアの民主主義・資本主義諸国を軍事的・経済的に支援すべきとするもので
あった。わが国に対する武装解除に始まり、軍国主義的または極端な国家主義
的指導者の公職追放を断行していたGHQの占領政策が改められ、共産主義勢
力への対抗措置（レッド・パージ）などの"逆コース"や再軍備への転換となっ

20 第1部 9条の歴史的背景

て現れた。GHQの占領政策がいとも簡単に変容していった事実から、占領統治の主眼が日本の民主化というより、激化する冷戦への対処という本国の政策転換にあったことは明らかであろう。武装解除はもちろん、民主化でさえもGHQの掌の上で遂行されたという事実は否定できない。

(2) 本書の立場 — 徹底したリアリズム

　9条の生い立ちを巡っては、マッカーサー元帥が主導したという説と、幣原総理がマッカーサー元帥に提案し意気投合したとする説がある[35]。前者だとすればGHQの押し付け憲法論の根拠となり、後者だとすれば、わが国自身の主体性が強調されることになる。

　本書の立場は、事実の解明は重要であるが、9条2項のあり方を議論するに当たって、この問題の結論に左右されないというものだ。「押し付け憲法」なのか否かを巡る法的な議論[36]以上に、GHQの強い影響力なくして、9条の存在があり得なかったのは事実だろう。また、押し付けであるかどうかにかかわらず、GHQによる占領統制下という特殊な状況下であっても、帝國議会が正式に承認した事実は否定できない。後になって公表されていない、もしくは公表できないGHQによる事実上の強制が判明したとしても、もはや積み上げられてきた既成事実を根底から覆すことは困難である。

　逆に、GHQの占領下にあって、旧軍に抑えられていたわが国の政府関係者が、数百万人に及ぶ戦没者と戦争の悲惨さを目の当たりにして、軍事優先であった国家体制から民主主義の復活を図ろうとした事実も無視できない。しかし、そのような民主化の動きでさえ、GHQの統制下であったからこそ可能となったということだ。事実、その後に来るいわゆる"逆コース"の実施を見ても、GHQが許容する範囲内での民主化だった面があるからだ。ただし、GHQによる制約があろうがなかろうが、これまで達成されてきた民主化の成果自体は積極的に評価する。これが、本書のスタンスである。

　問題は、GHQによる占領行政の下で、当初、自衛権をも否定するかのような案文が提案され、それが9条2項になったことである。自衛権の保有につ

いては、憲法が議論された帝國議会でも繰り返し主張されているが、そこで展開されている議論は、旧軍の復活を目論むという復古調の議論ではなく、戦争の違法化は受け入れるが、どうやって自己保存を図っていくかというまじめな議論である。皮肉なことに、日本共産党の野坂議員が自衛権の保有を訴え、吉田総理自身も一度は自衛権そのものを否定したことがあるように、自衛権に関する政府答弁は相当程度ぶれており、その背景にはGHQの影がちらつく。

　いずれにせよ、本書のスタンスは、憲法はGHQの占領下にあっても正規の手続きで制定された以上、正式なものとして受け入れた上で問題点を正すというものである。

　憲法制定当時、法の支配、民主主義や人権尊重に向けてGHQが理想に燃えていた時期でもあり、当時の国民の思いと符合する面があったのは事実だろう。また、GHQの側も、国民が昭和天皇を崇敬している現実を踏まえ、占領行政を円滑に進めるには、天皇の戦争責任を追及して敢えて国民の反発を招くよりも、体よく国体護持の姿勢を示して天皇制を利用しようとした一面があり、両者の思惑が一致したのだと考える。

(3) GHQの憲法草案とその受容

　前述のとおり、GHQは日本政府が示した松本案に失望して、自ら憲法草案を作成し、日本政府に伝達した。そのタイトルには「提案と指針」とあり、わが国が自らの判断において、その受け入れを拒絶できる文面になっていたという[37]。しかし、仮に文言上、わが国による拒絶が可能であったとしても、草案を渡したホイットニー准将（GHQ民政局長）が、松本博士、吉田外相らに対し、①英語の草案を読む時間として、15〜20分程度しか与えなかったこと、②草案を拒否した場合、一方的にその草案を公表するという半ば脅しに近いような手法をとったこと、③当時、連合国内で天皇の戦争責任問題が浮上し、とりわけソ連が天皇の訴追に意欲を見せていたことを引き合いに出し、ソ連がメンバーであった極東委員会が干渉してくる可能性に言及して判断を急がせた事情も影響したと考えられている[38]。

そもそもGHQの憲法草案は、弁護士出身の軍人を中心に1946年2月4日から9日までの実質6日間の突貫作業で作成されたとされる。2月13日の草案手交後は、2月21日に幣原総理がマッカーサー元帥の意向を探り、平行して松本博士がホイットニー民政局長に再確認したところ、GHQ側の原案遵守の姿勢が厳しかったという。その後、日米間での交渉もままならないうちに、3月6日の「憲法改正草案要綱」の発表となる。事実上、日本側に拒否する選択肢はなかったと言える[39]。アメリカが主導する円滑な占領政策の継続のためには、天皇の権威を借りる必要性を痛感していたGHQ側の事情と、昭和天皇が戦犯容疑で訴追されるのを恐れ国体護持の行方を懸念していたわが国の指導層の思惑が一致した結果と言えよう。事実、この動きに呼応するように、1946年の憲法制定当時、吉田総理は、「自衛権の発動としての戦争も、また交戦権も放棄し」(6月26日)、2日後には「正当防衛権を認むるということそれ自身が有害[40]」(6月28日)とまで言い切っていて、GHQの意向に沿う答弁をしている。

しかし、吉田総理は1950年の施政方針演説において前言を翻した。つまり、「戦争放棄の趣意に徹することは、決して自衛権を放棄するということを意味するものではない」と言ってのけたのである[41]。この方針転換については、マッカーサー元帥が、同年元旦の『年頭の辞』の中で、「この憲法の規定は…相手側から仕掛けてきた攻撃にたいする自己防衛の冒しがたい権利を全然否定したものとは絶対に解釈できない」と表明したことを受けたものだという[42]。言い換えれば、マッカーサー元帥による自衛権容認の発言があるまでは、自衛権の保有すら公式に認められなかったが、元帥が方針を転換したので、その方針に添ったかたちで自衛権の保有を明言できたという解釈も成り立つ。

国家主権が制限される占領には、そういう側面があるということか。9条が施行されていた1950年、わが国はGHQからの再軍備要請に基づき、ポツダム政令を発出し、警察予備隊を発足させたのも偶然ではないだろう。

(4) 防衛組織の任務拡大の経緯

　国連設立後も、わが国周辺において第2次国共内戦（1945-49年）が続き、朝鮮戦争が勃発（1950-53年）するなど、不安定な状況が続くとともに、東西冷戦も激化した。このような現実を目にしたことで、終戦直後にあった理想的な国際社会実現の夢は色褪せた。ときに国連安保理による合意形成は困難を極め、冷戦期はもちろんのこと、冷戦終結後もテロの拡散や近隣諸国の拡張主義が蔓延し、大国間の利害関係の衝突により、国連が当初めざしていた集団安全保障が機能不全に陥ったことも少なくない。例えば、安保理は常任理事国による度重なる拒否権（veto power）行使によってしばしば暗礁に乗り上げている。国連発足後、常任理事国によって行使された拒否権の数は、2018年12月時点で200件を超える[43]。国際合意の困難さの実態を如実に表している。

　他方、わが国の防衛に資する法的枠組みとしては、1951年に旧日米安保条約が締結されたのに続き、1954年に防衛庁が設置され、1960年には激しい安保闘争を経て、現行の日米安全保障条約への改定が実現し、1970年以降、自動延長となる。その後、自衛隊の活動は、湾岸戦争後の掃海艇の派遣（1991年）、カンボジアPKO（1992年）、モザンビークPKO（1993年）、ルワンダ難民救援派遣隊（1994年）、ゴラン高原PKO（1996年）等への派遣とその範囲を拡大し続けている。また、1995年には阪神淡路大震災や地下鉄サリン事件への災害派遣などで、日本社会に大きく貢献する姿が映し出された。さらに、北朝鮮の核危機（1994年）や中台危機（1995年）に見られるように周辺の環境は厳しさを増し、北朝鮮の弾道ミサイル発射（1998年）、能登半島沖不審船事案（1999年）への対処といったように、自衛隊の活動場面は飛躍的に拡大している。2011年に発生した東日本大震災時の献身的な活動を始めとした度重なる災害派遣は記憶に新しい。

　これらの事案に適切に対処するため、周辺事態安全確保法等（1999年、2000年）[44]に続き、武力攻撃事態対処関連3法（2003年）[45]や国民保護法等7法（2004年）[46]を成立させ、わが国の防衛体制の整備に努めてきた。また、自衛隊の海外出動を禁じた参議院決議（後述）や交戦権否認条項に抵触しないと

いう解釈の下で、PKO協力法（1992年）[47]を成立させ、国際平和協力隊というかたちで自衛隊の海外派遣を実現し、その後、テロ特措法（2001年）[48]、イラク特措法（2003年）[49]、海賊対処法（2009年）[50]を制定して、自衛隊の海外派遣を継続している[51]。最近の取り組みとしては、2015年には上に挙げた法制を統合・発展させ、懸案であった集団的自衛権の一部を認めるかたちで、安保法制が成立した[52]。

　理想の社会をめざし、真摯な努力を継続していくことは重要であるが、憲法制定当時の前提条件が崩れ、近い将来、憲法が理想としていた社会の実現が見込めないのが現状である。大国間のパワーバランスが変化し、軍事技術が急速かつ飛躍的に向上する中で、テロの脅威を始め周辺の国際情勢や安全保障環境は激変している。本来であれば、憲法の理念に添いつつ厳しい事態に対応した運用が施されるべきであるが、現実には、9条2項をかいくぐるような立法措置が先行し、あたかも9条2項が空洞化しているようにも見える。改憲への立法事実と言えるのではないか。

(5) 9条2項の空洞化と自民党改憲案

　このような時代背景にあって、わが国の安全保障のあり方が問われている中、自民党内の改憲をめぐる議論は、衆参の改憲勢力が3分の2を超え、改憲に積極的な野党の協力を得られるのは今しかないという政治判断がはたらいているようである。第2部では空洞化した「陸海空軍その他の戦力」を取り上げ、続く第3部で「国の交戦権」を具体的に検討するが、その前にここで自民党の改憲案に触れておくことは、次章以下の議論を理解する上で助けになろう。

〈自民党改憲案「(1) 自衛隊の明記について」『自由民主』（2018年4月3日）〉

9条2項存置論と9条2項削除論の部分を抜粋（便宜上、［1］［2］［3］を付した。）
[1] 自衛隊を憲法に位置付けるに当たっては、現行の9条1項・2項及びその解釈を維持した上で、「自衛隊」を明記するとともに、「自衛の措置（自衛権）」についても言及すべきとの観点から、次のような「条文イメージ（たたき台素案）」を基本とすべきとの意見が大勢を占めた。

> 第9条の2　前条の規定は、我が国の平和と独立を守り、国及び国民の安全を保つために必要な自衛の措置をとることを妨げず、そのための実力組織として、法律の定めるところにより、内閣の首長たる内閣総理大臣を最高の指揮監督者とする自衛隊を保持する。
> ②　自衛隊の行動は、法律の定めるところにより、国会の承認その他の統制に服する。
> （※第9条全体を維持した上で、その次に追加）

[2]［9条2項削除論］
9条2項を削除・改正した上で、陸海空自衛隊を保持し、自衛権行使の範囲については、安全保障基本法で制約することとし、憲法上の制約は設けない。

[3]［2段階論］［お試し改憲論］…これは書かれていない。（自民党有力者の発言）
（とりあえず、9条2項を残しておいて、改憲が実現したら、次の段階で2項削除も考えられる。）

　自民党内の改憲議論の焦点は、［1］安倍総裁が提起した9条2項存置論と［2］野党時代に自民党がまとめた2項削除論の対立であり、自民党では［1］が大勢を占めているようだ[53]。9条2項が戦後の平和主義を体現してきたと評価する風潮を意識して、この条項を削除することは、連立与党の公明党やメディア、国民世論の支持が得られないことを懸念しているようだ[54]。

　このように考えれば、［1］の2項存置論は、国際政治の厳しい現実は受け止めつつも、最低限、自衛隊の明文化という名をとることを重視したように見える。この規定を削除することは、現時点で国民の広い支持が得られる見込みがないという政治判断のほかに、3年前の安保法制の制定によって集団的自衛権の一部行使の容認という宿題をようやく実現し、念願の課題の一つに風穴を開けたため、9条2項を残したまま現状を固定しても、大きな支障がないという判断があるのかもしれない。

　他方、［2］の2項削除論は、9条の下で自衛隊を合憲化するため、時にガラス細工と評される難解な論理構成を改めることを目指す[55]。加えて、［3］に挙げたように、まずは党内あるいは国民の理解が得やすい［1］を実現し、憲法改正のハードルを下げてから、より望ましい［2］の実現を目指すべきという「2段階論[56]」もしくは「お試し改憲論[57]」もある。現行憲法制定後70年以上にわたって9条が定着し、改憲が困難だったことを思えば、実現可能性を重

視する考え方から、これもまた政治的には成り立ち得る選択肢だろう。

　上に挙げた［1］［2］［3］の論拠は、どれをとろうが一応の説明はつく。しかし、決定的に欠落している点がある。それは２項を存置するか否かの議論が先行し、肝心の２項の中身の議論がなおざりにされていることである。つまり、［1］の２項存置派からは、２項を削除すると“普通の国”になるとか、日本の安全保障の大転換といった抽象的、情緒的な懸念以上に、具体的な問題点が表明されているわけではない。他方では、［2］の２項削除派からも、戦力の欺瞞性を疑問視する声しか伝わってこない。“交戦権”に至っては、単に“戦いを交える権利”だと思って、わが国において具体的な戦闘が想定されてこなかった歴史に安住しているのか、その中身に触れる議論はほとんど報じられていない。９条２項で否定されている“戦力”と“交戦権”の内容が明らかでないのに、その是非を論じても空虚に響くだけである。国民の支持を得るような説明なり説得が尽くされているとはお世辞にも言えない状況である。

　まさに空洞化の現状に目を背けるような展開である。このような憲法の条文の空洞化の実態に対し、それを肯定するのか、あるいは否定するのか。まさか憲法の条項の空洞化を頭から歓迎する人はいないだろうが、事はそれほど単純ではない。問題は、その後の展開である。少し複雑なので、次頁の表を参照しながら読んでいただきたい。

　まず、A説について９条２項の空洞化を正面から歓迎する人は少ないだろうが、B①説との関係で生きてくる。９条２項はその程度のものと理解し、空洞化を受容する考え方だ。理屈の問題というより、ここで一旦、矛盾を甘受した上で、次の機会に備えるというのもこれに該当するだろう。そしてB説だが、これは３つに分けて考えてみた。B①説は、９条２項を合憲化するための解釈が確立されていることを強調して、従来の内閣法制局見解を踏襲していれば、敢えて削除する際に生じる政治的リスクを負う必要はないというものである。現実には９条２項を維持しても支障はなく、空洞化していないと構成する説だ。自民党で言えば安倍総裁案だろう。B②説は、９条２項がある中でその規定に真向から反するような自衛隊の存在や交戦権を認めるような実態の方が違憲状態であり、この間違った現実を正すには、むしろ９条２項の方に現実を

合わせるべきとするものであり、従来のユートピア的平和論であろう。B③説は、9条2項は陸海空軍も戦力も持てないとしながら、わが国は必要に応じて自衛隊を設立し、事実上交戦権を内容とする法律も制定してきた。しかし、憲法制定の経緯からして無理がある条項であり、削除するというもので、石破元幹事長案に近いだろう。従来、民間ベースで検討されてきた憲法提案で言えば、読売新聞[58]、産経新聞[59]、自主憲法制定国民会議[60]、制憲会議[61]、世界平和研究所[62]がそれぞれ主張してきた案も同じ系譜に属すると見ていいだろう。

〈9条2項の空洞化を認めるか？〉

答	理　由	効果等
A 認める	矛盾（空洞化）の存在を認めるが、先送りして次の機会をうかがうこともできる。放置していても実害は少なく、政治的エネルギーを浪費すべきではない。	答は正反対の形をとるが、一見して矛盾のある条文であっても、整合のとれた解釈が可能なため、現状を変更する必要がない。
B 認めない	①従来の内閣法制局見解でも空洞化していないとする。ガラス細工と言われても、整合のとれる解釈が可能であれば、空洞化とは言えず、現状維持が可能である。	
	②陸海空軍や戦力、交戦権が否定されている中で、自衛隊の存在や交戦権に該当する実態が違憲であり、そのような現実を改め、9条2項を具現化すべき。	違憲状態にある現実の方を9条2項の理想に近づける努力を続ける。
	③自衛隊は国際的に軍隊として認められており、事実上、交戦権の行使を認める法律も存在する。	9条2項を削除し、憲法の空洞化を回避。

　では、上に挙げた説をどう評価すべきか。A説とB①説について言えば、自衛隊を憲法上、正当な組織として位置づけることにはなるが、それは従来から批判されていた問題点を解消しないまま、自衛隊を合憲の組織とするだけで、本質的な問題の解決にはならない。そもそも9条2項とはどんな条項なのかの検討を放置したまま、問題を先送りにして進めてしまうことになる。

　B②説は、平和を願えば平和が実現するといった類の主張であって、現実的な政策論として論評する必要はないだろう。B③説は、9条2項について、優先順位が必ずしも高くなさそうに見えるが、実際には大きな広がりをもつ議論につながるものと評価する。

3 海外派兵を禁じる参議院決議の歴史的使命の終焉

9条2項の議論にたどり着く前に、自衛隊の行動を制約する要因を理解するため、もう一つ回り道をする。まれに自衛隊の海外派遣に関連して、国会決議[63]との関係が問われることがあるからだ。決議とは、合議体の機関が特定の事項について、採択によって決定し表示するその合議体の意思であるとされる[64]。国会決議のうち問題となるのは、自衛隊発足に当たって、参議院において採択された「自衛隊の海外出動を為さざることに関する決議[65]（以下「海外出動禁止決議」という）」である。自衛隊の海外派兵という文脈及び第3部に述べる交戦権に関係してくることから、ここで取り上げ、その命脈を検討する。

この海外出動禁止決議は、その文言上、自衛隊のすべての海外出動を禁じている。政府は、その都度、海外出動禁止決議の趣旨を尊重する旨の答弁を重ねている[66]が、自衛隊の海外派遣が含まれる措置を立法化する際の制約要因となっているようだ。自衛隊はPKOを始め、既に海外において武器使用権限を伴う様々な活動を実践してきたが、この決議の存在との関係をどう考えるべきか。

衆参両院で採択される決議には、本会議決議や委員会決議、法律案採決の際になされる附帯決議等があるが、採択されれば法的拘束力があるのは、内閣総理大臣（不）信任決議（憲法69条）と院の構成を定める決議であるとされる[67]。

国会決議の拘束力について、政府は、一般論と断りながらも「議決の形式で行われる衆議院または参議院の意思表示であり、国会を構成する各議院の意思として示された決議の趣旨を尊重して政府が行政を遂行すべきで、政府は国会決議の趣旨を尊重し、その実現に努力すべき政治的な責務を負う。しかし、国

会決議は法律とは異なり、法律と同様な意味での法的拘束力はない[68]」としている。要すれば、法律と同様の効果としての拘束力はないが、可決されれば、政府に対して政治的・道義的拘束力を有している[69]ということだ。

　そのような決議の一般的な性格を理解した上で、海外出動禁止決議の効力を検討する。同決議の核心は「現行憲法の条章と、わが国民の熾烈なる平和愛好精神に照し、海外出動はこれを行わない」というものである。この決議案が提出されるに至った背景は、その発議者である鶴見祐輔参議院議員の趣旨説明によると「自衛隊の発足に当り、…自衛隊を飽くまでも厳重なる憲法の枠の中に置くこと…（自衛隊が）海外に出動せずということを、国民総意として表明しておくことは、日本国民を守り日本の民主主義を守る」[70]という。当時、初代防衛庁長官となった木村篤太郎保安庁長官は「海外派遣というような目的は持っていない…ただ今の決議の趣旨は、十分これを尊重する所存[71]」と応じているが、あくまで決議の趣旨を尊重するということであって、国会決議の効力に、法的拘束力を認めているわけではない[72]。

　法的拘束力がない中で、①有権解釈権の性格、②有効期間、③国会決議と法律との優劣関係、④宇宙の平和利用決議に関するの解釈の変遷を検討した上で、⑤当該決議の命脈について検討する。

（1）有権解釈権の性格

　国会決議の解釈に疑義が生じた場合、その有権解釈権はどうなっているのか。この決議は参議院で採択されていることから、参議院にある[73]のだろうが、決議の解釈権者が判然としない。議長なのか、発議者なのか、合意形成の手続きは参議院議員の多数決なのか、少数意見の扱いはどうか、その場合の定足数は…。いずれにせよ、国会法[74]はじめ衆議院規則[75]及び参議院規則[76]、衆議院先例集[77]、参議院先例録[78]にも関連する記述はない。会期が代われば院の構成や議席も変わる。採択時とは時代情勢も移ろっているが、何より解釈を確定させる先例もなければ撤回もされていない。どうしても国会が内閣を法的に拘束したい場合は、法律の形式でその意思を確定する必要があるとされる[79]

30　第1部　9条の歴史的背景

が、これまで決議の解釈を明らかにする案件を立法化した形跡はない。

　この参議院決議では、発議者が自衛隊発足を前に、「自衛隊という文字の解釈について、政府の答弁は区区であって、必ずしも一致して」いないことを理由として、参議院決議の可決によって憲法の解釈を確定するという意図を明らかにしている。しかし、「果たして思想の統一があるか、疑いなきを得ない[80]」とまで政府を批判した発議者本人が、決議案が採択される前日に開催された参議院内閣委員会において、翌日に予定されている決議案の内容を聞かれてどう答えたのか。「国連から海外派兵を要求されたとき」の対応を問われ、「時の政府が日本の主体性を堅持して決定すべきもの」と答弁している[81]。国連からの海外派兵の要求があれば、それも認めるかのように解釈できるが、自らが発議者として提出する決議の文言とどう整合をとるのか。また、決議案の案文を事前に審議した内閣委員会が、この発議者の答弁を聴取した後にこの案文を漫然と了承し、翌日には相矛盾する解釈を伴った決議案を参議院本会議で議決している。発議者自身の説明でさえ、日によって「区区」であることに加え、決議の趣旨に反するような解釈を許す決議案の上程を了とした内閣委員会の意思をどう見るかも問題である。

　この当時ですら、自衛隊の海外出動には、国連の集団安全保障措置への参加もあり得るという認識がありながら、当の参議院決議案の文言に反映されていない。しかも、これに関する問題提起がされながらそれに異議をはさむことなく、参議院本会議で原案どおりの決議文を議決している。まさに、ある種の矛盾を許すか、解釈の幅を広く認めており、法的拘束力がないことを前提としなければ成り立たない。その時点の一般的な政治的意思の表明以上のものではなかったと解釈せざるを得ない。

(2)　有効期間

　決議案はひとたび議決されると、それをもって決議として確定する。しかし、決議の趣旨を尊重するという政府側の答弁が繰り返されながらも、この決議が60年以上にもわたって修正も撤回もなかった事実をどう見るのか。もち

ろん、その都度、政治的にその趣旨を尊重するという意思を表明する必要があったのだろうが、その答弁の背景に、この決議の趣旨と異なる立法行為があった場合、その効果は一時的であったか、その時点で失効したとみなすことができるのか。つまり、一定の期間経過後、または議決時点で想定されていない事態が生じたと判断すれば、賞味期限切れとして無視したり、法律の制定によって上書きができるのかが問われる。憲法施行後7年を経過した時期の憲法解釈の確定を試みる決議が、その時点はともかく、その後の時代の解釈をも固定化できるのかである。事実、PKO協力法や海賊対処法は、決議が採択されていた時代には、自衛権以外で自衛隊が海外に派遣される事態は想定されていなかったという解釈の下で立法化されてきている[82]。今や周辺の国際情勢や安全保障環境の激変を受け、ミサイル防衛体制が整備され、敵基地反撃論や空母保有の議論もあり、専守防衛の原則も見直しを迫られている[83]。決議がなされた時代の安全保障環境を考慮に入れるのは当然だが、その後の展開も見据える必要がある。何よりその時点の周辺の国際情勢、安全保障環境、軍事技術の進展を離れてしまっては、実のある議論はできないだろう。

　一般に、法律等の条文は、ひとたび可決されれば、当事者の意図を離れ、独り歩きするものである。よって、立法者意思をどこまで尊重すべきかの問題はあるが、少なくともこの参議院決議は、議決当時から決議文の解釈について「自衛隊の海外出動を禁じる」という文言とは裏腹に、相当の幅をもっていた事実が透けて見える。仮に内容の解釈に疑義があっても、修正や撤回、具体的な解釈を確定した例や必要な手続きの定めはないので、決議の変更は予定されていないと見るべきであろう。事実、その後の展開をみても、参議院が有権解釈権を行使した形跡もないことから、決議の性格はその時点の政治的意思の表明という位置づけになるだろう。必要があれば、新たな決議を議決すれば足りるからである。当の参議院の解釈の意図が定かでなければ、結局、政府の解釈によるか、その後に両院で可決された関係する法律の規定をもって判断するしかない。

　では、自衛隊の海外派遣は、決議の趣旨と異なる法律で上書きすれば、法的な問題は生じないと考えていいか。PKO協力法制定の際、海外出動禁止決議

32　第1部　9条の歴史的背景

との関係を問われ、政府はPKOのような自衛権とは異なる派遣のあり方を想
定しておらず、"海外派兵"ではなく"海外派遣"であるという位置づけで、法
律案を策定している。文言上PKOは、まさに参議院決議で禁じた海外出動に
該当するが、PKO協力法案が両院で可決されている事実は、参議院が自ら解
釈権を行使してこなかった事実と照らし合わせると、参議院はいわば黙示の解
釈権を行使して、政府案に示された"軽"武装した自衛隊の海外派遣に同意し
たものとみなすこともできるだろう。この参議院決議の効力（賞味期限）は、
採択の時点から一定の期間において有効だった意思表明に留まるものと解釈で
きる。

　なお、趣旨説明やそれまでの国会質疑の様子から、海外出動禁止決議の発議
者や賛同者のねらいが、単に自衛隊の海外出動を禁じるというより、決議の4
年前に起きた朝鮮戦争型の武力紛争に、国連軍の一員として参戦を求められる
（巻き込まれる）のを避けたかったことにもあったとすれば[84]、朝鮮戦争型の
参戦の懸念がなくなった暁には、決議の意義はその時点から一定期間経過後に
消滅したという解釈も可能であろう。再び状況の変化によって決議が必要と判
断すれば、前述したようにその事態に応じた決議はいつでもできる。解釈の幅
がある程度定まっている法律と異なり、通例、政治的意味合いやある種の背景
のある決議について、その表面的な文言に過度に依存することは、政治的駆け
引きの道具として利用することと同義であろう。

(3) 国会決議と法律との優劣関係

　海外出動禁止決議は、参議院という一院の決議に留まり、衆議院の決議はな
いが、その事実をどう評価すべきか。仮に両院が文言上同一の決議を議決した
場合、事実上、一院の決議の効力が劣るとするのは当然だろう[85]。問題は、国
会決議が両院による議決を必要とする法律との間でどのような優劣関係に立つ
かである。参議院決議が存在するにもかかわらず、両院の議決によって、自衛
隊の部隊を海外に派遣するための法律が立法化されてきた事実を踏まえると、
参議院決議の想定した射程が法律の制定によって徐々に狭められてきたと言え

る。

　では、法律と国会決議との優劣関係をどう理解すべきか。法律と決議の制定手続を比べてみよう。まず、何より憲法 73 条に定める内閣の職務権限として、政府は「法律を誠実に執行」する（1 号）義務を負っていることから、法律には拘束力があるが、決議にはそのような規定はない。内閣法制局によると、内閣は決議を尊重する義務を負うから、決議違反を生じれば政治責任を負うが、決議違反とされたものが違法だとか無効になるわけではないとされる。決議の内容について、政府を拘束したいのであれば、同じ内容の法律を制定するか、内閣不信任の理由とすることが想定されるとする[86]。決議に対する法律の優位性を裏付ける。

　第 2 に、それぞれの策定手続はどうか。法律案の制定に至る過程は、政府提出法律案（閣法）の場合、主管府省庁による原案作成、関係省庁との調整、与党との意見調整、内閣法制局における予備審査を経て、主任の国務大臣から内閣に対して閣議請議がなされる。問題がなければ内閣法制局の正式審査を終え、閣議決定がなされる。閣議決定とは、内閣としての意思決定を意味するもので、内閣総理大臣は、閣議にかけて決定した方針に基いて行政各部を指揮監督する（内閣法 6 条）[87]が、国民主権の理念にのっとり、行政権の行使について、全国民を代表する議員からなる国会に対し連帯して責任を負う（憲法 66 条 3 項及び内閣法 1 条 2 項）。

　多くの場合、政府提出法律案は衆議院に提出され、案件の重要性に応じ必要と認めれば、本会議における趣旨説明の聴取及び質疑、所管委員会への付託（国会法 56 条 2 項）を経て、委員会における提案理由説明（趣旨説明）の聴取及び質疑（衆議院規則 45 条の 2、参議院規則 42 条、42 条の 2）、委員会採決（衆議院規則 50 条、参議院規則 49 条）、本会議での採決（衆議院規則 115条、参議院規則 104 条、106 条）と続く。その後、他の院（衆議院先議の場合、参議院）に送付（国会法 83 条 1 項）の上、同様の過程を繰り返す。

　他方、議員立法と呼ばれる議員提出法律案は、事前審査の面では政府提出法律案より簡素とはいえ、衆議院または参議院の法制局や党内手続き等を経た上で、衆議院では 20 名以上、参議院では 10 名以上（予算を伴う場合はそれ

ぞれ 50 名以上、20 名以上）の賛成者をもって所属の院に提出される（国会法56 条）。その際、発議する議員の連署が必要とされている（衆議院規則 28 条1 項、参議院規則 24 条）が、可決されれば他院に送付され、審査される。

　ただし、衆議院が可決した法律案を参議院が否決しても、衆議院が改めて 3分の 2 の多数で再議決すれば、法律となる（憲法 59 条）ように、法律案の議決に当たっては、衆議院の優越条項がある。国会における手続きを終えれば、後議院の議長から内閣を経由して天皇に奏上される（国会法 65 条）。天皇の国事行為（憲法 7 条 1 号）として、国民に周知させるための公布手続に入るが、法律の公布に当たっては、執行責任の所在を明らかにするため、法律の原本にすべて主任の国務大臣が署名し、内閣総理大臣が連署する（憲法 74 条）。その後、公布文書が奏上されるが、天皇から文書に御名御璽が施された後、内閣総理大臣が副署をなす。これは、天皇の国事行為に対する「内閣の助言と承認」（憲法 3 条）を意味するものである。次いで、内閣官房から国立印刷局に送付され、官報に「〇〇法をここに公布する」という書式で、法律が公布されるという念の入れようだ[88]。

　これに比べ、決議の採択過程を見ると、発議者たる議員の連署が規定（衆議院規則 28 条 1 項、参議院規則 24 条）されているものの、前述した法律の制定過程で述べた慎重かつ重層的な手続と比べれば簡素である。審査期間の長さは、必ずしも案件の重要性と一致するわけではないが、多くの決議の場合、例えば北朝鮮ミサイル発射に抗議する決議等は、発射後数日の間に両院で採択されており、上に示した法律の制定手続との差は歴然である。

　衆参の決議の効力は同等であるが、法律の場合のように、同一の内容とするための両院協議会（憲法 59 条 3 項、国会法 89 条・90 条、衆議院規則 250 条1 項、参議院規則 176 条 1 項、両院協議会規程 5 条など）のような制度的な裏付けがあるわけではない。事実上の話合いによって決議の内容を一本化できたとしても、単に両院の代表者が合意したというだけで、両院の決議が並列している状態に留まる。内閣による署名や天皇による公布もない。海外出動禁止決議の場合、参議院という一院の決議に留まることから、その意味でも法律の規定に劣るとみるのはやむを得ない。

この拘束力の点に関しては、アメリカ連邦議会の共同決議（joint resolution）と比較すればわかりやすい。合衆国憲法には、「提出条項（presentment clause）」と呼ばれる規定[89]がある。これにより、上下両院の同意を必要とする決議は、すべて合衆国大統領に提出しなければならず、効力を発生させるためには、大統領の承認が必要とされる。上下両院の同意を要する決議は共同決議案と呼ばれ、議決されれば「法案と同じ方法で法律となる」[90]。2001 年 9 月11 日のアメリカ同時多発テロを受け、9 月 14 日に連邦議会上下両院が武力行使容認決議（AUMF：Authorization for Use of Military Force）を議決したのがその例である[91]。これとの比較で言うと、わが国の決議の場合、内閣に対する要望、勧告、警告等又は単に意見の表明といった内容を有し、法規範をうちたてるものでなく、両院が同じ内容の決議を議決しても同様であるとする[92]。もちろん、国会決議に法的拘束力を持たせるようにするために、国会法や議院規則を改正することは考えられるが、そうなると現にある議員立法の手続きとの関係をどう整理するのか。つまり、ある意味、迅速さが"売り"の国会決議に対して重い手続が必要だとすれば、せっかくの旨味がなくなってしまう。さらに、従来より重い手続の国会決議となれば、議員立法との差別化をどうやって図っていくのかが問われよう。

　ちなみに、「国会が国権の最高機関」（憲法 41 条）であることを捉えて、両院で同じ内容の決議が全会一致で採択された場合は、両院の過半数で成立する法律よりも優位すると主張されたことがある。これに対し、大森政輔内閣法制局第一部長は、「憲法なり国会法上その効力について特別な規定を置いていない以上、各議院の意思表示であることに留ま（る）」として、法律と同様の意味での拘束力を否定している[93]。両院の全会一致の決議の方が過半数で成立する法律より勝っているとする主張は、一理あるような錯覚に陥るが、前述のような法律の制定に必要とされる厳格な手続規定の存在を無視して、数の論理だけで判断することは妥当ではないだろう。憲法 41 条では、「国会は、国権の最高機関であって」という言葉に続いて、「国の唯一の立法機関である」と規定されている。政府提出法律案という内閣が主導する形態であっても、両院が審議し可決しなければ、法律案から"案"がとれない。法律案を審議し可決す

36　第1部　9条の歴史的背景

る過程そのものが立法行為である。立法行為未満の手続きで成立する国会決議の効力が立法行為に優位するという主張は、自己矛盾につながりかねない。

(4) 宇宙の平和利用決議に関する解釈の変遷

　先に法律の制定によって、自衛隊の海外出動禁止決議を上書きしてきた例を見てきたが、法律の制定に当たって議決された国会決議によって、その後の法律の解釈が事実上の影響を与えたと言われる例がある。決議の具体的な効力を検討する上で参考になることから、「宇宙の平和利用決議」を取り上げる。

　1969年に制定された宇宙開発事業団法[94]1条は、その設立目的について、当初、宇宙開発・利用の促進に寄与する旨の定めだけであったが、衆議院において「平和の目的に限る」という文言を追加して可決（議員修正）された[95]。さらに、同日の本会議にて「わが国における宇宙の開発及び利用の基本に関する決議（以下、「宇宙の平和利用決議」という）」が議決された[96]。参議院においても、科学技術振興対策特別委員会で同趣旨の附帯決議が付けられている[97]。以来、平和目的の宇宙利用を、諸外国が"非侵略"を意味するものとして安全保障目的の情報収集を進める中で、わが国は"非軍事"の宇宙利用を継続することになった。問題は、この例が法律（宇宙開発事業団法）の趣旨を、議院決議（衆議院本会議）または附帯決議（参議院委員会）によって軌道修正したものと解釈できるかである。

　"平和目的の利用（＝非軍事）"という文言が、その後の宇宙政策に強く影響した[98]のは事実である。以下、国会決議との関係を問われるたびに示された政府解釈の推移を概観する。

　まず、1983年、政府は偵察衛星の保有について法制上の障害はないとしながらも、宇宙事業団には打ち上げができないという立場を表明していた[99]。その後、"無差別公平原則"によって、宇宙開発事業団の通信衛星の自衛隊使用は、公衆電気通信法1条にある「あまねく公平な役務の提供」と同3条の「差別的待遇の禁止」に基づき、防衛庁による利用を認めた経緯がある[100]。

　次に、1985年の政府解釈において、平和目的とは非軍事を意味するという

解釈は、必ずしも防衛目的一般を禁じるものではないという"一般化理論"によって、通信衛星からの情報受信装置について、海上自衛隊の護衛艦に搭載する経費として認めている。すなわち、①国会決議の"平和の目的に限り"とは、自衛隊が衛星を直接、殺傷力、破壊力として利用することを認めない、②その利用が一般化しない段階における自衛隊による衛星の利用を制約する、③その利用が一般化している衛星及びそれと同様の機能を有する衛星については自衛隊による利用が認められるというものである[101]。

さらに、1998年8月の北朝鮮によるテポドン発射は、同年12月の情報収集衛星の導入について、その正当化を補強する。軍事衛星に一般化理論が適用できるかについて、「①情報収集衛星の機能は地表面を精緻に観測する、②本件の衛星の打ち上げ、利用の開始までには、同様の機能を有する衛星が広く一般に利用される状況が来るという蓋然性が極めて高い」ことを理由に、「衛星の利用開始時において当該機能が一般化している場合に限って防衛庁が当該衛星を利用することを前提として行う限り、本件衛星の導入は政府見解の一般化の考え方に反するものではない[102]」旨の答弁をしている。ちなみに、当時の野党民主党安全保障（前原誠司部会長）・外務（玄葉光一郎部会長）合同部会では、「情報収集衛星と国会決議について」とする文書をまとめ、当該情報収集衛星が「①相手側の攻撃意図の早期収集であり専守防衛に資すること、②解析度、熱力探知等の機能は一般化している衛星の機能と差がなく軍事的固有性をもたない」として、国会決議の趣旨に添うとする見解を発表している[103]。

その後、2008年に議員立法として成立した宇宙基本法[104]は、本法の目的（1条）と、宇宙の平和利用（2条）の項に、それぞれ「日本国憲法の平和主義の理念」を掲げている。提出者の1人である野田佳彦衆議院議員（民主党）が、国会決議との関係を問われ、「宇宙開発利用を我が国の安全保障に資するよう行うものと位置付けており、憲法の平和主義の理念にのっとり、専守防衛の範囲内で防衛目的での利用は行える」と答えている。続けて「平和利用決議が採択された当時に比べ宇宙開発利用の状況は大きく変わ（り）、…GPSなどにより我々の日常生活の中でも宇宙の利用、活用は行われて」いるとして一般化理論を改めて強調し、その上で「我が国国民の生命、財産を守るための純粋に防

38 第1部 9条の歴史的背景

御的な他に代替手段のない唯一の手段であるBMDへの取組については、決議の趣旨及びそのよって立つ平和国家としての基本理念に沿ったもの」と続けている。本法が従来の政府解釈の延長線上にあり、「憲法の平和主義にのっとり、専守防衛の範囲内で我が国の防衛のために宇宙開発利用を行うことは、1969年の決議の文言及びその趣旨に反するものではない」との念の入れようだ。法案提出者の1人である細野豪志衆議院議員（民主党）が、「情報収集衛星…は、外交、防衛などの安全保障及び大規模の災害等への対応ということで、危機管理のための情報収集を主な目的とする」として、その保有を正当化して今日に至る。この宇宙基本法の制定によって、平和目的の意味を、"非軍事"から、諸外国と同様の"非侵略"と変更したものだ[105]。

　宇宙の平和利用決議の検討の結果言えることは、議院決議及び附帯決議の趣旨をなぞるかたちをとりながら、軍事利用への扉を徐々に広げてきたということである。しかし、宇宙の平和利用決議案採決の直前の衆議院本会議を振り返って見れば、別の風景が見えてくる。

　確かに1969年の国会決議は、"平和利用"の解釈の指針になってきた。しかし、宇宙の平和利用決議採決の直前に、議員修正でもって政府原案に対し「平和の目的に限る」という文言が追加されたが、この立法過程をどう評価するかである。法律の修正によって追加された文言を補足するために決議案が議決され、その決議の解釈が徐々に拡大してきた。そして、その解釈の限界が意識されたとき、「宇宙基本法」という法律を制定したことによって、"非軍事"から"非侵略"への新たな解釈に変更する改正がなされたと言える。

　この過程から言えることは、宇宙開発事業団法案の修正議決（議員修正）によって新たな解釈の基礎がつくられ、それを前提にした決議の文言が加えられたことである。この結果、議員修正の枠内で決議の解釈の幅が広がっていったことは事実である。しかし、時代の進展によってその解釈がもたなくなれば、新規立法によって新たな解釈を創出するという姿が見えてくる。宇宙の平和利用決議は、採択後、重要な影響力を及ぼしながらも、それぞれ宇宙開発事業団法及び宇宙基本法という法律の枠内でのみ効力を有していたと見るべきだ。宇宙の平和利用決議にあった"平和目的"の意味は、宇宙基本法の成立によって、

"非軍事"から"非侵略"に変更され、その限りで決議は上書きされたものと考える。要するに、決議は法律の解釈を補充することはあっても、法律が決議の外延を画しているのであり、その逆ではないということだろう。

(5) 参議院決議の評価

　最後に、改めて海外出動禁止決議を振り返る。決議文にいう「現行憲法の条章と、わが国民の熾烈なる平和愛好精神に照し、海外出動はこれを行わない」という内容が、PKO派遣を始めとした海賊対処活動などを認める多くの立法例において、決議が破られたとみるか、それとも決議の趣旨に反しないと見るのかである。

　決議の文言上は、自衛隊のすべての海外出動を認めない趣旨と読めるが、その背景には、この決議が自衛隊発足に際して、自衛隊の活動を制約する意味で議決に至ったという1954年当時の時代背景があった。だからこそ、その後の国際環境の変化によって、決議が禁じる"海外出動"は海外派兵の意味であり、海外派遣とは異なるものと解釈し、軌道修正を図ってきたというのが実態だろう。しかし、そもそも英語に翻訳する際、"海外派兵"と"海外派遣"とをどう区別して訳出するのかなど、わかりにくいという疑問は残る。現時点で海外出動禁止決議の射程が残っているとすれば、海外における武力行使なり、占領行政ぐらいだろう。

　さらに、うがった見方をすれば、決議の解釈がどうであれ、法律上の効果としては大差がない。つまり、敢えて正面から決議を破ると言わなくても、決議の趣旨に反しないと言えば済むからである。政府・与党にとって、目前の大事は、政府提出の法律案を通すことにある。法律の制定を優先させるという政治的妥協の手段として決議が多用される実態を見ると、敢えて決議の趣旨を破ると言って物議をかもし、法律案の可決を困難にする政治的リスクを抱えるよりも、決議の趣旨に反しないと言った方が通りがいい。実際に、海外出動（派兵）と海外派遣とは別だと言えば、論理的な整合性は保てるのだから、無理をして決議の趣旨を変えるのだと言って墓穴を掘ることもない。野党の顔も立つ

し、与党としても将来への一定の歯止めをかけることへの安心感も伴う。与野党合意の下で、法律制定という所期の目的が達成できるのなら、国会決議には法的拘束力とは異なった政治的効果が期待できるというものだ。決議の解釈権は、その院の構成員にあるとすれば、そもそも司法審査の対象にもならないだろう。

では、この海外における武力行使と占領行政の禁止は、この決議の解釈上、なお効力を有していると見るべきか。一般に「後法は前法を破る」という言い方がなされる。前述のように、決議の効果は法律に劣るが、仮に、そのような関係があったとしても、決議が採択された後に、決議の趣旨と相反する内容の法律が制定された場合はどうか。

①前法（決議）の趣旨を否定する後法（法律）の成立に賛成した以上、前法（決議）は後法（法律）によって上書きされ、単純に後法（法律）によって前法（決議）が否定されたと見るか、それとも②前法（決議）の中でも、後法（法律）によってカバーされていない部分があれば、その部分についてはなお効力を有し、改めてその部分は従来の解釈を維持する余地があると見るかである。

この海外出動禁止決議の場合、論理的には②の解釈も成り立つものの、PKO協力法の成立という、参議院決議が採択された時代には想定していなかった新たな形態が生じたと見れば、①の決議にある「海外出動」という文言は、自衛隊が海外に派遣されたPKO協力法や海賊対処法の成立とこれらに基づく実際の活動の事実をもって、意味をなさなくなったと見ることもできよう。もちろん、海外出動には、海外派兵と海外派遣の意味があるとして、法律の制定によって解除されるのは、海外派遣であって、海外派兵はなお禁止の対象として有効であるとする"後付け的な"解釈は可能である。事実、政府は、そのような慎重な答弁を繰り返してきている。

しかし、もう一歩踏み込んで、海外における武力行使について言えば、機雷掃海や武力攻撃事態等海上輸送規制法（後述）では、他国の同意を条件としながらも、他国の領海内での活動を否定していない。少なくとも武力行使の新3要件に合致していれば、敵基地攻撃も法理上、認められている[106]。さらに言えば、占領行政の問題でさえ、イラク特措法や米軍行動円滑化法には占領行政

と重なる部分（後述）があり、既に交戦権の中身にかかわるような立法例もある。こうした事実を併せて考えれば、海外出動禁止決議で残っている部分はほとんどないと思える。各院の決議は、前述のとおり、法律に劣後しているから、当該決議は、事実上、上書きされていると見ることも可能であろう。

　以上、この参議院決議の意図を探れば、この決議は、戦前における旧軍の犯した"自衛"を理由にした逸脱行為への反省と、朝鮮戦争型の武力紛争に巻き込まれることを避ける意味で、政府に対して政治的な配慮義務を課したものと考える。この参議院決議が一院の採択に留まったまま、有権解釈権を有する参議院が修正も撤回もせず、決議の趣旨と相反するような法律を衆議院とともに制定してきた事実からすると、決議の実質的な効力は失われていると考える。もちろん、決議を議決した時代が朝鮮戦争の記憶が鮮明な状況だったことから、休戦協定発効後、一定の期間は有効であったことは疑いない。さらに、宇宙の平和利用に関する国会決議のように、行政上の措置と国会決議とが抵触する事態を回避する解釈が困難となれば、我が国を取り巻く国際情勢の変化等を踏まえて新たに宇宙基本法という法律を制定し、国会決議の見直しを行った例を検討した。今後とも、決議が想定していた対象が消滅したり、新たなに想定外の事態も生じうる。実際に政府は、①国際的には他国からは戦力と見られる自衛隊の海外派遣（第2部）や②交戦権の内容をもつ各種立法措置（第3部）も実現してきている。

　してみると、海外出動禁止決議の意義が今なお有効な部分は、旧軍の逸脱行動に対する反省に立った海外派兵に慎重な心構えだけということになりそうだ。

第２部　陸海空軍その他の戦力（９条２項前段）

44 第2部 陸海空軍その他の戦力（9条2項前段）

1 戦力でない自衛隊の矛盾

（1）防衛予算と組織原理

　第2部では、「陸海空軍その他の戦力」について取り上げるが、本書では"戦力"について"軍"との関係について焦点を当てるため、枝分かれした学説については取り上げない[107]。9条2項前段にいう「陸海空軍その他の戦力は、これを保持しない」というくだりから、自衛隊はその名称が示すとおり軍ではないとされてきた。しかし、わが国の防衛費は2017年時点で世界8位（ストックホルム国際平和研究所調査）に位置しており[108]、2019年度予算案ではSACO経費[109]を含め、5.2兆円を超えた。アメリカからの輸入を含め、最新鋭の防衛装備品を有する[110]。

〈世界の軍事費ランキング〉

1	アメリカ	6,110億ドル（68.43兆円）
2	中国（推計値）	2,150億ドル（24.08兆円）
3	ロシア	692億ドル（7.75兆円）
4	サウジアラビア（推計値）	637億ドル（7.13兆円）
5	インド	559億ドル（6.26兆円）
6	フランス	557億ドル（6.24兆円）
7	イギリス	483億ドル（5.41兆円）
8	**日本**	**461億ドル（5.16兆円）**
9	ドイツ	411億ドル（4.60兆円）
10	韓国	368億ドル（4.12兆円）

（1ドル112円で換算）　　　SIPRI Year book 2018 158頁より

1 戦力でない自衛隊の矛盾　45

〈防衛関係費の規模〉
平成 31 年度予算
（単位：億円）

国債費 235,082（23.6％）
社会保障 339,907（34.2％）
一般会計歳出総額 994,285（100.0％）
その他 92,959（9.3％）
防衛 52,066（5.2％）
文教及び科学振興 53,824（5.4％）
公共事業 60,596（6.1％）
地方支付税支付金等 159,850（16.1％）

（財務省資料を基に作成）

〈自衛隊の最新装備の例〉

陸上自衛隊

10 式戦車 [111]

海上自衛隊

イージス艦 [112]

航空自衛隊

F-35A 戦闘機 [113]

〈中期防（別表）2018 年 12 月 18 日閣議決定より〉

種類［整備規模］
【陸自】機動戦闘車［134 両］、装甲車［29 両］、新多用途ヘリコプター［34 機］、輸送ヘリコプター（CH-47JA）［3 機］、地対艦誘導弾［3 個中隊］、中距離地対空誘導弾［5 個中隊］、陸上配備型イージス・システム（イージス・アショア）［2 基］、戦車［30 両］、火砲（迫撃砲を除く）［40 両］
【海自】護衛艦［10 隻］、潜水艦［5 隻］、哨戒艦［4 隻］、その他［4 隻］、自衛艦建造計［23 隻］（トン数、約 6.6 万トン）、固定翼哨戒機（P-1）［12 機］、哨戒ヘリコプター（SH-60K/K（能力向上型））［13 機］、艦載型無人機［3 機］、掃海・輸送ヘリコプター（MCH-101）［1 機］
【空自】早期警戒機（E-2D）［9 機］、戦闘機（F-35A）［45 機］、戦闘機（F-15）の能力向上［20 機］、空中給油・輸送機（KC-46A）［4 機］、輸送機（C-2）［5 機］、地対空誘導弾ペトリオットの能力向上（PAC-3MSE）［4 個群（16 高射隊）］、滞空型無人機（グローバルホーク）［1 機］

注：（略）

46　第2部　陸海空軍その他の戦力（9条2項前段）

　内閣法制局によれば、憲法9条2項で保有が禁止される戦力は、「自衛のための必要最小限度を超える実力」とされており[114]、この考え方は、安保法制下の武力行使の新3要件でも変わらないという。

〈自衛の措置としての武力の行使の新3要件[115]〉

①我が国に対する武力攻撃が発生したこと
　又は我が国と密接な関係にある他国に対する武力攻撃が発生し、
　これにより我が国の存立が脅かされ、国民の生命、自由及び幸福追求の権利が
　根底から覆される明白な危険があること
②これを排除し、我が国の存立を全うし、国民を守るために他に適当な手段がないこと
③必要最小限度の実力行使にとどまるべきこと

　政府は、"陸海空軍その他の戦力"の定義について、1952年12月の衆議院外務委員会において、「近代戦を遂行し得るような大きな軍事の力」（木村保安庁長官）と答えたが、1954年12月以降は「自衛のため必要最小限度を越えるもの」として、その解釈を変更した[116]。より実態に近づいたとはいえ、圧倒的な装備を抱えていながら、9条2項前段があるために、それを戦力と言わないという常識的な語感とかけ離れた用例は維持したままである。これまで積み上げられてきた解釈は尊重すべきではあるが、法律用語という特殊性があるにせよ、一般常識からかけ離れてしまえば、法そのものに対する信頼を失う。（本書の立場は、総じて政府解釈を前提に、その是非を問うというスタンスであり、枝分かれした学説に重きを置かないが、これから取り上げる「戦力」についても変わらない[117]）。

　9条2項の前段で"陸海空軍その他の戦力"の保持を禁じられた中で、わが国は、1950年の朝鮮戦争を契機としたアメリカからの再軍備の要求に応えるため、ポツダム政令によって警察組織として警察予備隊（1950年）を設立し、その後保安隊（1952年）へと改組し、自衛隊の設立（1954年）に至る[118]。改憲が実現しない中で、冷戦を意識したアメリカの政策と足並みを揃えるために、半ば強引に自衛隊の合憲化を迫られた様子がうかがえる。9条2項を巡る政府解釈の変遷は、旧軍の武装解除によるGHQの円滑な占領行政の遂行という目的に加え、対共産圏政策の推進のための再軍備要請というアメリカ側の事

情による。少なくともポツダム宣言にあった日本の民主化といった普遍的な原理に基づくものだけではなかったことは明らかだ。

1952年のサンフランシスコ講和条約によって独立を果たすまでのGHQによる占領時、わが国は自前の武装組織をもたず、占領軍による間接統治の下にあった事実を忘れてはならない[119]。非武装であっても、占領軍が常駐する日本に対して攻撃をしかけようとする国があるとは考えられなかった[120]という背景がある。結局、日本の防衛はアメリカ軍が代わってやってくれるから、自ら武装する必要はないという国民意識が定着していったものと見ることができる。平和が所与のものと受け止められたため、占領を脱し独立を達成した後においても、自衛隊を軍隊化する必要性を実感させることなく、現在に至ったのだと考える。

(2) 軍隊でない自衛隊の矛盾とその解消案

1967年、佐藤総理は「自衛隊を、今後とも軍隊と呼称することはいたしません」と答弁しているが[121]、ジュネーヴ諸条約にいう「軍隊」とは、武力紛争に際して、武力を行使することを任務とする組織一般を指しており、国際社会では自衛隊は従来から軍隊と評価されている[122]。

〈軍隊の定義〉

> **1949年8月12日のジュネーヴ諸条約の国際的な武力紛争の犠牲者の保護に関する追加議定書（議定書I）43条**
> 紛争当事者の軍隊は、部下の行動について当該紛争当事者に対して責任を負う司令部の下にある組織され及び武装したすべての兵力、集団及び部隊から成る（当該紛争当事者を代表する政府又は当局が敵対する紛争当事者によって承認されているか否かを問わない。）

わが国がいくら自衛隊を軍と呼称しませんと力んでみても、このように国際法の定義によれば、軍に該当し、政府も「自衛官は軍隊の構成員に該当する」として、その事実を認めている[123]。

なお、わが国では、自衛隊を軍隊と言わないため、他国では認められている任務や装備に様々な制約を課しているが、憲法制定後70余年が経過した現在

の国際情勢や安全保障環境、さらには急速に進展を遂げた軍事技術を前にして、内向きの議論で自衛隊が軍隊でないと言い張っても空しく響く。

〈装備に関する制約の例〉

「性能上専ら相手国の国土の壊滅的破壊のためにのみ用いられるいわゆる攻撃型兵器を保有することは、これにより直ちに自衛のための必要最小限度の範囲を超えることとなるから、いかなる場合も許されず、したがって、例えばICBM、長距離核戦略爆撃機…あるいは攻撃型空母を自衛隊が保有することは許されな（い）」[124]。

　上述のように、装備の性格によって攻撃型か防衛型かを分ける手法は、例えばある装備を防衛型に分類したところで、武器という性格を有する以上、必然的に攻撃的な側面を有するのであり、相対的、恣意的になりやすい。もっぱら狩猟用として保有する猟銃も、人に向けられれば、りっぱな武器である。軍事技術の進展や周辺諸国の活動に照らしても、有効な基準とは言い難い。まして、"自衛軍"となれば戦力であって"自衛隊"は戦力でないとするのは、英語で表記すれば両者ともself-defense forcesと訳出することができるだけに、いかにも苦しい。軍隊でないことの根拠の一つが、警察予備隊以来の自衛隊の法的権限について、いわゆるポジリストと言われる警察法由来の法の建付けにあるという[125]。実力組織への権限付与の方式として使われるが、わが国が採用するポジリスト方式では、警察組織と同様に"可能な任務、権限"が明記されるというものである。こうしたロジックは、自衛隊が活動するには、いざというときであっても、その根拠となる授権法がなければ、その都度、立法措置を要することから、即応性に欠ける点が指摘されてきた。諸外国の軍隊を規律する法規が、ネガリスト方式の採用により、国際法上の禁止事項を除いて必要なときに柔軟な行動が可能となることとの比較で用いられてきた。

　確かに、切れ目のない対応を可能とするには、立法措置による細かすぎる区分けは、時に迅速な対処が必要な実力組織の機動力を削ぐことになりかねない。法制度を整えることと実際にその法律に定める措置を実施することとは別であり、現実的な法制度を事前に整えていなければ、いざというときに必要な行動が制約を受ける可能性がある。法の建付けとして、ポジリスト方式を維持するにせよ、例えば「安全保障基本法（仮称）」の制定によって、予め安全保

障に係る基本原則を規定しておくなど、包括的な仕組みが必要だろう。大事なことは、わが国の防衛のため、厳格なシビリアン・コントロールを徹底する中で、必要な任務を遂行すべき自衛隊の権限をどう定め、均整のとれた防衛力をどう構築するのか、権限の内容と付与された権限に相応しい装備の充実や隊員の訓練等を有機的なものとする必要がある。

(3) 軍事組織の名称と統制のあり方

現在、防衛省・自衛隊は、5.2兆円を超える予算に裏付けられた装備や人材を揃えている実態がありながら、陸海空軍でも戦力でもないという。しかし、その論法は、今や抑制的というより不誠実に見えるのではないか。確かに、自衛隊が発足した当初は、旧軍の逸脱行動に対する国内外の不信感もあり、自らを律することによりその手足を縛り、国内外にある種の安心感を与えるなど、それなりの意味はあったのかもしれない。しかし、もはや諸外国から見れば、何らかの事態が生じた場合、その抑制姿勢なるものが現実にどのような行動となって表れるのか試そうという誘惑にかられても不思議ではない。

一例が、近隣諸国による度重なる領海侵入や領空侵犯である。自衛隊は、近隣諸国の挑発的な行動に対して相応の措置[126]を講じているが、結局その対抗措置の実態から見れば、他国の軍が講じるそれと同様であり、国際的には同一の評価を受けよう。

また、わが国の場合、自衛隊を軍と表現することに神経質になってきたが、自衛隊を自衛軍へと名称を変更したところで、どちらも Self-Defense Forces と訳出することになろう。ただし、self-defense は、もともと刑法でいう正当防衛を意味する用語であり、英語の語感からは、自らが所属する部隊を自らで守る部隊（軍）という奇異な感じに受け取られるようだ。国の防衛であれば、Self がなくても十分に通じる。防衛を強調したければ、Japan Defense Forces（防衛隊 or 防衛軍）である。各国の軍は、アメリカ軍（United States Armed Forces）、カナダ軍（Canadian Armed Forces）、イギリス軍（Armed Forces of the Crown（British Armed Forces））となっている。

50　第2部　陸海空軍その他の戦力（9条2項前段）

　なお、2018年12月20日に発生した韓国海軍艦艇による火器管制レーダー照射事件において、防衛省が公表した動画（www.mod.go.jp/）では、海上自衛隊のP1哨戒機が自らを"This is Japan Navy."と名乗って韓国海軍艦艇に対応を呼びかけている。画面の字幕では海上自衛隊という訳語が充てられている。公定訳であるJapan Maritime Self-Defense Forceは使われていないが、緊急時、実際に現場で通用する国際標準の用語を使わなければ、対応を誤ることになりかねない厳しい現実を反映している。ちなみに海上保安庁は、2000年にその英語訳をJapan Maritime Safety Agencyから、諸外国にも通用するJapan Coast Guardに変更している。

　ところで、GHQの憲法草案によって採用された"戦力"を指す英語の文言はwar potentialである。辞書によれば戦争能力と訳されており、平たく言えば戦争を遂行できる能力である。これを字義通りに解すれば、9条2項前段は陸海空軍はもちろん、およそ戦闘能力を有するものすべてを禁じていると読める。つまり、現行憲法の草案を起草したGHQとしては、その名称の如何を問わず、いかなる戦闘部隊の存在も許さない趣旨だったことがうかがえる。徹底した武装解除規定によって戦闘部隊を持てない中で、吉田総理が、当初、自衛権の存在さえも否定したが、うがった見方をすれば、理想社会の実現を夢見ていたというより、占領下にあって極めて現実的な時代認識であったとさえ言えるのではないか。事実、吉田総理は、1946年当時、「まず第一に国権を回復し、独立を回復することが差迫っての問題」であって「万事は講和条約あるいは国家の態勢が整うということ[127]」と強調しているのも、その表れとみることもできよう。1947年当時、文部省が小学生向けに作成した憲法についての冊子では「兵隊も軍艦も飛行機も、およそ戦争をするためのものは、いっさいもたないということ」[128]としており、当時の政府の考え方を反映したものと言える。

　自衛隊の国際的な活動が一般化した現在、戦力性を否定してみても、結局は自己満足の域を出ず、"戦力の不保持"概念は形骸化している。もはや名は体を表さず、衣の下から鎧が見える状態を通り越し、厚手の衣という体裁で鎧をつけ、それを陣羽織だとうそぶいているようなものだ。わが国が国際紛争を解決するために、武力による威嚇や武力の行使をなす可能性が著しく低いこと

は、70 余年にもわたるわが国の歩みを顧みれば十分に説得力がある。しかも、自衛隊に対する統制は、健全な政軍関係の下で厳格なシビリアン・コントロールの徹底と明確な交戦規定（ROE＝自衛隊流に言えば「部隊行動基準 [129]」）によって行われるべきであって、9条2項に頼る必要はない。

　この部隊行動基準というのは、防衛省が内規として定める「部隊行動基準の作成等に関する訓令 [130]」によれば、「状況に応じて部隊等に示すべき基準をまとめたもの」（2条2項）という位置づけである。その内容は「行動し得る地理的範囲、使用し又は携行し得る武器の種類、選択し得る武器の使用方法その他の特に政策的判断に基づく制限が必要な重要事項に関する基準」とされている。実際、自衛隊が武力攻撃や緊急事態に直面し、必要な任務を遂行する場合、どのような行動に出るべきなのかは、第一義的にはこの基準に基づき対処している。

　その上で、仮に問題が生じた場合は、シビリアン・コントロールの観点から改めて統制のあり方について、早急に政策的判断を行い、的確な対処方針を示すことが重要である。さらに、必要に応じ、それまで国会から信任を受けていた防衛大臣及び最高指揮官としての内閣総理大臣の政治責任が問われるべきであろう。安全保障のあり方について、憲法の条文解釈として固定化し、神棚に祀り上げて必要な検討から目をふさぐことは、自らを思考停止に導く道にほかならない。

2 武力行使以外の自衛隊による国際活動

　ここでは9条2項前段にいう、自衛隊が行う自衛権の発動ではない行動について取り上げる。持って回った言い方で申し訳ないが、簡単に言うと、PKO協力法やテロ特措法、イラク特措法、海賊対処法に基づく行動など、自衛権の発動とは言えない様々な活動のことである。

　ただし、自衛隊を軍でないと位置づけたところで、実際には各国の軍隊と同様の任務をこなしている。国際標準からすれば、れっきとした軍の活動とされてきたものである。現場が抱える矛盾を明らかにしたい。

(1) 国連平和維持活動（PKO協力法）の法的性格

　PKOは自衛権によるものではない。紛争当事者の停戦合意の後、国連安保理等の決議に基づいて、停戦監視、選挙の実施、文民警察の派遣、人権擁護、難民支援から行政事務の遂行、復興支援などの活動を任務とする[131]。わが国は、湾岸戦争時のトラウマが契機となってPKOに参加することになった。政府は、PKOへの参加の意義について、「国際連合を中心とした国際平和のための努力に積極的に寄与すること」と位置付け、自衛隊を活用するが、その根拠は自衛権の発動ではない。第2代国連事務総長だったハマーショルドの「PKOは軍の仕事ではないが、軍にしかできない[132]」という言葉は、自衛権の行使ではないものの、軍事組織の手によらなければ任務を達成できないという厳しい現状認識に基づいた重い言葉である。こうした時代の要請があったにもかかわらず、一部野党から、海外派兵や武器使用の可能性について激しい反対が展開されたが、自民・公明・民社の三党と政府は、わが国もPKOに参加すべきとの見地から、PKO参加5原則や部隊派遣の際の国会承認手続きを定め、

その活動の安全性の確保と任務を限定することによって、憲法との整合性を図ることとなった。

〈PKO参加5原則〉

①停戦合意：紛争当事者の間で停戦合意が成立していること
②受入同意：PKOが活動する地域の属する国及び紛争当事者が当該PKOの活動及び当該PKOへの我が国の参加に同意していること
③中立性の維持：当該PKOが特定の紛争当事者に偏ることなく、中立的立場を厳守すること
④部隊撤収条件：上記の原則のいずれかが満たされない状況が生じた場合には、我が国から参加した部隊は撤収することができること
⑤必要最小限の武器使用：武器の使用は、要員の生命等の防護のための必要最小限のものを基本。受入れ同意が安定的に維持されていることが確認されている場合、安全確保業務及び駆け付け警護の実施に当たり、自己保存型及び武器等防護を超える武器使用が可能

　かつて、わが国はPKOには参加するものの、紛争当事者間の兵力引き離しや非武装地帯確保、停戦監視など、軽火器で武装したPKFには参加しないと説明していたが、そこにはできるだけ活動の実態を矮小化しようという政府の意図が感じられる。しかし、国連で政務官として勤務していた川端清隆がいみじくも指摘するように、「"PKF"という言葉は、日本でしか通用しない造語にすぎない。国連事務局に、PKOの本体業務と後方支援活動に携わる兵員を別扱いする慣習はないし、そのためにPKFという言葉が公式文書でも内部文書でも使われたことはない[133]」という。この指摘は、立法当時のわが国が、いかに自衛隊の活用に慎重な当時の世論を気にしていたかを如実に示している。その世論を説得する材料として、戦力ではない、いわば警察活動の延長線上にあるという法的体裁を保つために苦心していた様子がうかがえる。しかし、いくら目くじらを立てて自衛隊は憲法9条2項にいう戦力、つまり軍隊ではないと言い張っても、前述のように国際社会では既に軍隊という位置づけになっている。

　今や実質的には軍隊でありながら、軍隊としての処遇を享受できないという、不都合な真実に向き合うべきであり、改憲議論を機にどう対処すべきかを問い直すときであろう。

　もし自衛隊が国内だけの活動に専念し、国際社会から隔絶していれば、国内

54　第2部　陸海空軍その他の戦力（9条2項前段）

向けの説明だけで完結するだろう。しかし、国内的には言い繕うことができても、国際社会は自衛隊を軍隊としか見ない。その法的効果はどのように表れるのか。軍隊は、ジュネーヴ条約上の権利を享受し義務を負うが、権利は自発的に放棄できたとしても、義務を免れることはできない。そうであれば、自衛官によって編成されるPKO部隊を派遣した場合、仮に、主たる任務が道路や橋の修復であったとしても、国際的には、諸外国の軍隊と何ら変わりはないものとみなされるであろう。

　通常、PKOはそのPKOミッションを果たすため、安保理決議によって設立される。国連加盟国の任意の協力によって編成され、紛争地域の平和の維持もしくは回復を助けるために派遣されるものであるが、わが国がPKOに参加するに当たっては他国と異なる法的な制約がある。よって、政府が縷々説明するように、派遣先や共に行動する他国の軍隊に対し、日本としてできることとできないことを伝えてあるのは事実だろう。また、日本が部隊を出してくれる以上、関係国の理解は得ている[134]し、国連の側も表向き歓迎するしかないだろう。途上国がPKO派遣手当を得るために派遣の実績を積み重ねている一方で、先進国は司令部要員や施設部隊などの高度な技術を要する部門に派遣しているというのも、PKOの実態として、自主的、任意の活動に幅があることの表れだろう。

　しかし、PKOに参加する他国の軍隊が当然に行う本質的な役割を、自衛隊には期待できないとなると話は別であろう。国際舞台で活躍した実務経験者である伊勢﨑がいみじくも指摘するように、これでは「派遣先の住民を保護する責任を負えない[135]」というのは重い言葉である。

　そもそも派遣先の安全が確保されていれば、わざわざPKO部隊を編成して派遣する必要はない。停戦合意が成立していても、政情が不安定だからこそ、合意された停戦を定着させ、紛争を平和的に収めていくことが求められているのである。まさに「PKOは静的・法律的な概念ではなく、むしろ動的・政治的な存在で、その時々の国際政治の現実を忠実に反映しつつ、進化し発展する[136]」ものだろう。その一例が、ブトロス・ガリ国連事務総長（第6代）時代の平和執行部隊構想であり、ルワンダにおいて住民の虐殺を防げなかった失敗

などから提起されてきた「保護する責任（right to protect）」、つまり、住民保護のためには、現地の武装勢力との戦闘も辞さないという考え方であろう[137]。この考えは、既に国連事務総長の発した告示やPKO部隊の交戦規定（ROE）に表れている[138]。また、近年、多発するPKO要員の犠牲に業を煮やし、国連に対しPKO要員への攻撃には「武力行使」の可能性を指摘する「クルス報告書」も提出されている[139]。わが国は今後、このような任務にどう対処していくのかが問われることになる[140]。

　わが国はPKO協力法[141]に基づき、2017年7月末現在、派遣人数、延べ12,500名の要員を派遣しているが[142]、直近のミッションであった南スーダンPKOでは、懸案となっていた駆け付け警護任務が付与されたのは記憶に新しい。しかし、駆け付け警護任務の付与ですら、その実施には慎重論が根強かった。とにかく自衛隊が現地で騒動に巻き込まれることを恐れ、武器使用に厳しい制約を課し、活動地域や任務に限定をかけているのが現状である。

（2）国外犯処罰規定

　派遣先の統治や治安が確立していないからこそ派遣されてきた自衛隊は、PKO部隊であっても、また、テロ特措法等に基づく海上給油などの補給支援活動であったり、イラク特措法に基づく人道復興支援活動や安全確保支援活動であっても、自衛隊の部隊が活動中に事件に巻き込まれ、または加害者として関与する可能性は皆無ではない。また、海賊対処活動では被疑者の処罰の実績もあるが課題もある。

①PKO実施に伴う地位協定
　国連PKOに派遣された軍事要員は、ウィーン外交関係条約に基づき、受入国の法令順守を義務付けられることになるが、他方、受入国の法令は、派遣国の軍事組織の指揮命令系統や雇用条件等には適用されない。そこで国連は、南スーダン政府との間に地位協定（Status of Forces Agreement）を締結し、PKO活動中に、PKO要員が本来保護すべき派遣先の文民に対して、交通事故

56 第2部 陸海空軍その他の戦力（9条2項前段）

を始めとした犯罪の加害者になる場合を想定している。わが国でも、例えば、自衛隊を派遣していた南スーダンPKOでは、PKO要員が刑事事件の加害者となった場合、国連当局（UNMISS）に引き渡されるものの、受入国である南スーダン政府の裁判権には服さず、派遣国の裁判権に服することになっている[143]。わが国では、自衛隊は軍隊ではないとして、軍人に特有の罪を裁くための特別な司法制度は設けられていない。早急な手当てが必要だが、隊員の紀律保持については、先の安保法制において一定の国外犯処罰規定が置かれることとなった[144]。一歩前進であるには違いないが、重要な課題が残っている。

　概要は次頁の表で示したが、例えば、いまだに隊員が現地で過失によって人を殺傷した場合（刑法209-211条［過失致死傷罪］等）、これを裁くための軍事法廷も軍刑法もない。また、仮にそのような事案が発生した場合、加害者である隊員は、わが国に移送されて一般の裁判所で裁判を受けることになる。自衛隊員が、加害者として被告席に立った場合を想定すると、被害者にとっては、遥か日本が裁判地となり、裁判に対する十分な情報も支援も期待できない。そうなると、せっかく派遣した自衛隊に対する住民感情が悪化する可能性がある。日米地位協定[145]の下、沖縄等で多発する事件・事故に対する住民感情の発露を思えば、事件処理の困難さは想像にかたくない。軽罪等や事実関係に争いがないような場合などは検察官に起訴の是非を判断させた上で、簡易迅速な裁きを可能とする特別の法廷機能を派遣先の部隊内に付与することも考えられる。

　また、安保法制によって新設された犯罪には教唆犯等が規定され、自衛官以外にも適用が予定されているが、活動場所が外国の地であり外国人も処罰の対象となることから、現地における捜査や取調べ、容疑者の引渡しなど、捜査共助や司法共助に関する法的枠組みをどう構築していくのかも課題だろう。

　さらに、自衛隊の現地での活動に際し、これ以外の犯罪が発生した場合の刑事責任は、刑法2条（すべての者の国外犯）、3条（国民の国外犯）、3条の2（国民以外の者の国外犯）、4条（公務員の国外犯）などの規定があるものの実効性を確保するための取組みはない。理屈の上では、容疑者を我が国に移送して裁くことになるだろう[146]。ただし、事案の性格によっては、前述した簡易

迅速な裁きを可能とする特別の法廷を現地に設けて裁判を行うことも視野に入れるべきかもしれない。

〈安保法制によって新設された国外犯処罰規定と残された課題〉

＊網掛けの部分の裁判地は、原則として日本にある裁判所であるが、地位協定に基づき、事案の性格によって捜査共助、司法共助の上、現地法廷を設置して裁判を行うことや近隣国への引渡等も視野に入れる。

	安　保　法　制	罰　則	裁判地
主として自衛官の行為を対象とする	①多数共同による上官命令への反抗	3 年以下の懲役又は禁錮	日　本
	②部隊の不法指揮		
	上記①②の共謀・教唆・煽動（自衛官以外も処罰対象）		
	防衛出動が下令されている場合	7 年以下の懲役又は禁錮	
	③争議行為・怠業的行為		
	④職務離脱等		
	⑤上官命令への反抗・不服従		
	⑥部隊不法指揮		
	⑦警戒勤務からの離脱又は職務懈怠		
	上記④⑤の教唆・幇助（自衛官以外も処罰対象）		
	上記③⑥の共謀・教唆・煽動（自衛官以外も処罰対象）		
	検討課題（刑法）		軽微な事例や事実関係に争いがない場合等は、現地法廷の設置も視野
	209 条（過失傷害）、210 条（過失致死）、211 条（業務上過失致死傷） ＊現地で生じた場合、事案によっては刑事罰の対象とする必要はないか。		

	刑　　　　　法	罰　則	裁判地
犯罪別	刑法 2 条（すべての者の国外犯）： 　内乱、公文書偽造、通貨偽造等	各本条に定める罰則規定	日　本 事案の性格によって現地法廷の設置も視野
	刑法 3 条（国民の国外犯）： 　殺人、放火、強盗、窃盗、詐欺、私文書偽造等		
	刑法 3 条の 2（国民以外の国外犯）： 　殺人、強盗、強姦、略取誘拐等		
	刑法 4 条（公務員の国外犯）： 　職権乱用、収賄、特別公務員暴行陵虐等		
	海　賊　対　処　法	罰　則	
海賊	2 条（船舶強取、財物強取、乗員略取等）、3 条（罰則）	3 年〜	

58　第 2 部　陸海空軍その他の戦力（9 条 2 項前段）

衆議院調査局安全保障調査室『「平和安全保法制」概要と資料 ― 平成 27 年通常国会（189 回国会）の解説と代表的な政府答弁を中心に ―）』（2016 年 2 月）、23 頁及び刑法典、海賊対処法を元に作成。

②海賊対処活動実施に伴う課題

　海賊は、端的に言えば航行船舶の安全を脅かす海の強盗である。主要な貿易のほとんどを海上輸送に依存するわが国にとって、その撲滅は極めて重要な課題であるだけでなく、"人類共通の敵" として国際社会が協力して禁圧していくべき対象である。2009 年 6 月、わが国は海賊対処法を制定し、以降、ソマリア沖・アデン湾において、自衛隊による海賊の警戒監視及び海上保安官による実行犯の処罰に従事している[147]。

　2011 年には、日本関連船舶を襲撃し、アメリカ海軍に拘束された海賊 4 人がアデン湾で活動中の海上自衛隊の護衛艦に引き渡された。護衛艦に乗船していた海上保安官が、東京地裁から逮捕状の交付を受け、艦上で容疑者を逮捕し日本に移送したという事案が発生した。グアナバラ号事件である。この船はバハマ船籍であったが商船三井の便宜置籍船であり、バハマが裁判管轄権を行使しなかったことから、わが国の裁判所が扱うことが求められた事件である。法律の規定に添った手続きであったが、容疑者移送と訴訟維持に係る人的物的コストは無視できない。容疑者の国籍はソマリア国籍と思われたが、ソマリアは無政府状態とも言われ、しかも容疑者の年齢も不詳であった。これに加え、必要な人数の通訳者も確保できず、裁判制度や宗教や習俗の相違等によって、取調べや裁判の進行に支障を来したと伝えられている[148]。

　海賊行為は前述のとおり、人類共通の敵として厳しい処罰が求められる犯罪であるが、現地で海上自衛隊（逮捕及び取調べは海上保安官が実施）が捕獲した実行犯の裁判自体を、すべて日本で行う必要があるのかについては再考の余地がある。発生地が日本近海の場合は別として、ソマリア沖・アデン湾や遠隔の公海上の場合、容疑者の国籍が不明な場合などは、容疑者の国の裁判制度が整備されていないこともあり得ることから、近隣諸国の官憲に引き渡すという便宜上の措置がとられることもあろう。

現地での迅速な判断のため、例えば海上保安官に加え、必要に応じ独任官たる検察官を護衛艦に乗艦させたり、ジブチに派遣または常駐させるなど、現地で起訴不起訴も含めた刑事処分や捜査共助、司法共助といった国際的な協力体制を構築していくことなども想定できよう。折しも自衛隊は、ジブチ基地の長期的・安定的な活動が2018年度の防衛大綱に明記された[149]。現行の日・ジブチ地位協定（交換公文[150]）の改定も視野に、防衛司法の充実も検討したらどうだろうか。軽微な場合や事実関係に争いがない事例など、犯罪の性格によっては被疑者にとって馴染みのない遠隔の地である日本に移送して裁判を行うよりも、ジブチの基地内に特別の法廷を設けて、必要に応じ刑事責任を問い近隣の地で収監することは、判決の実効性の面でも、また外国人被疑者に対する適正手続の面でも優れているように思える。

　なぜ、問題がありながら、穴のある法律が改正されないのか。一つには、政府が必要な法律案を大過なく通すため、際どい部分を避けて案文を策定するという手法に頼ってきたからであろう。後述する後方地域支援とか非戦闘地域における活動といった概念や国外犯処罰規定の限定がそうであったように、実務担当者は、緊急の必要性に応えるため、迅速かつ確実に法律案の成立を期す。そのためには、政治的にセンシティブな政策を、できるだけ抵抗の少ないかたちで実現していくことが求められ、ある種の予定調和的な手法を用いてきたと思う。

　もはやそのような手法に終止符を打ち、国民の前に正面から議論を提起して理解を得ていく覚悟をもつべきときであろう。

（3）地理的範囲の限定 ― 武力行使の一体化の回避

①周辺事態安全確保法・周辺事態船舶検査活動法 ― 後方地域支援

　まず、具体的な説明に入る前に、一般的な自衛隊の活動範囲の限定について触れておくが、自衛隊の日常的な活動範囲は、わが国の領土、領海や領空に限られているわけではない。前章で述べた自衛隊の海外派兵を禁じる国会決議が

60 第2部 陸海空軍その他の戦力（9条2項前段）

ある中でも、潜水艦や哨戒機等の活動は領海や領空に限定されておらず、遠洋を航行する練習艦隊は寄港地で礼砲を受ける慣習もあるくらいだ。PKOやテロ特措法、イラク特措法に基づく活動だけが自衛隊による海外活動ではない。

さて、自衛隊の活動の地理的範囲を語るに当たっては、1999年と2000年に制定された周辺事態安全確保法と周辺事態船舶検査活動法が重要である[151]。いずれも自衛隊の地理的な活動範囲や任務について、「後方地域支援」（周辺事態安全確保法3条1項3号）という概念を用いていた。次項に述べるテロ特措法やイラク特措法にあった、「非戦闘地域」と同様、「後方地域」とは、武力行使の一体化を避けるための法概念であった。後方地域とは「我が国領域並びに現に戦闘行為が行われておらず、かつ、そこで実施される活動の期間を通じて戦闘行為が行われることがないと認められる我が国周辺の公海（排他的経済水域を含む）及びその上空の範囲」というものであった。この後方地域概念は、先の安保法制の中で、周辺事態安全確保法を改正した重要影響事態安全確保法に引き継がれることはなかった。その理由については、非戦闘地域概念と重なることから併せて後述する。

②重要影響事態等船舶検査活動法

自衛権の発動ではない自衛隊の行動には、平時に行われる船舶検査があり、現在、安保法制によって、重要影響事態等船舶検査活動法[152]に引き継がれている。重要影響事態又は国際平和共同対処事態に際し、経済活動に係る規制措置である。"重要影響事態"とは、放置すれば日本への直接の武力攻撃に至るおそれがあるなど、日本の平和と安全に重要な影響を与える事態をいい、朝鮮半島有事を想定すればわかりやすい。"国際平和共同対処事態"とは、国際社会の平和と安全を脅かす事態であることなどと定義されている。国連安保理決議が議決され、その対応の過程で国際平和共同対処事態を認定したような場合だが、テロ特措法やイラク特措法のような多国籍軍への協力をイメージすればよいだろう。いずれの事態もわが国周辺で発生し、不幸にして存立危機事態等に至った場合、自衛隊の活動領域が海上ならば、武力攻撃事態海上輸送規制法の世界に移り、限りなく交戦権の行使（後述）に近づく。

この法律の発動の条件としては、国連安保理決議又は旗国の同意が必要とされ、実施海域はわが国領海、周辺の公海又は他国の領海であるが、他国の領海で実施する場合、その同意が必要となる。船舶検査の対象は、規制措置の対象物品である。航行状況の監視、船長等の承諾を得た上で乗船して積荷等の検査、確認、対象船舶に対する接近、追尾等を行うとされているが、あくまで任意検査に限定されていることに留意すべきである。武器は、合理的に必要と判断される限度で使用できるが、正当防衛や緊急避難の場合を除いて、危害射撃が禁止されている。

　この法律が適用されるのは、法律上は平時に分類されるとはいえ、わが国の平和と安全に重要な影響を及ぼすような事態か、または国連が国際社会の平和と安定を脅かすものとして国連決議で認定したような事態である。このような深刻な状況において、実施海域の決定に際し"他国の同意"を要し、検査の実施には、"任意の検査"に限定しているが、これをどう考えるかである[153]。不測の事態の防止と実効性に支障がないことを理由とするが[154]、いわば実行犯を取り締まろうとしているときに、「検査してもいいですか」とおうかがいをたてるようなものである。また、実施区域を決定する際、"武力行使との一体化[155]"を恐れ、他国と事前に調整した上で、他国の活動と混交しないようにしている[156]が、これは具体的にどういう意味なのか。

〈「武力行使との一体化」論〉

＊任務遂行中に、現地で武器を使用することになれば、外形上、憲法９条１項が禁じる武力行使と区別できなくなるという懸念から捻出された、自衛隊の現地での活動を正当化するロジック。

＊「我が国が行う他国の軍隊に対する補給、輸送等、それ自体は直接武力の行使を伴う活動ではないが、他の者の行う武力の行使への関与の密接性等から、我が国も武力の行使をしたとの法的評価を受ける場合があり得るというものであり、そのような武力の行使と評価される活動を我が国が行うことは、憲法９条により許されない（後略）」
『他国の武力行使との一体化の回避について：理事会合意事項（内閣官房・内閣法制局）[157]』

62　第2部　陸海空軍その他の戦力（9条2項前段）

> ＊大森4要素[158]の内容の確認[159]。
> ＝武力行使との一体化の具体的判断に当たっては、以下の4つの要素（いわゆる『大森4要素』）を始めとする諸般の事情を総合的に勘案し、事態に即して個別的に判断すべきものとする。
> ① 他国の活動地域と自衛隊との地理的関係
> ② 当該行動等の具体的内容
> ③ 他国の武力の行使の任に当たる者との関係の密接性
> ④ 協力しようとする相手の活動の現況等

　武力行使の一体化論は、9条1項が禁じる武力行使という法的評価を受けないようにするため、自衛隊の活動を抑制的に運用しようという目的を持つものであるが、区割りをすること自体は、他国軍との役割分担や効率性の面から一定の合理性はあるのかもしれない。しかし、その理由が他国の軍隊の行動と同一のものと見られたくはないが、検査実施の実績だけは欲しいというのでは、他国の軍事力の行使に便乗する、いかにも手前勝手な理由としか言いようがない。わが国がいかに抑制的な法の建付けにしていようが、相手側にとっては武力行使の可能性がよぎるわけであり、先方の不安と不知に乗じたものである。さらに、検査対象船舶の旗国と当該船舶の船長等が異なる判断をし、船長等の承諾がない場合には船舶検査が行えず、検査対象船舶が検査を無視あるいは逃走するような場合には、「説得」や「接近・追尾」しか行えない[160]。

　武器使用に関しても、任務遂行のための武器使用、例えばこのような検査忌避には必要と思われる警告射撃が認められていない。この法律の制定当時、野呂田防衛庁長官は、国連安保理の経済制裁決議がある船舶検査活動の実績について「照会10万隻以上、乗船検査1万7千件以上、進路変更の要請2千件以上、航行不能射撃はなし、警告射撃も極めてまれ」であるとした。だから「警告射撃を認めなくても、有効に機能する船舶検査活動を行い得る」というのが公式見解だ[161]。

　しかし、他国の船舶の船長が護衛艦の照会に従う理由は、海上自衛隊による照会を"海軍"から発せられた"武力による威嚇"と受け止めるからであり、また、説得を命令と受け止め、従わなかった場合は、警告射撃もあり得るし、追尾されれば燃料も切れることを懸念してのことだろう。上記のようなわが国の

法制度の限界が関係国に周知徹底された場合、果たして有効に機能するだろうか。

　重要影響事態等船舶検査活動法が発動される事態とは、自衛権の発動ではないが、その発動に至る前の重要影響事態や国連安保理決議が議決されるような深刻な事態である。また、後述する海上阻止活動や臨検等の一歩手前の措置、例えば警告射撃が伴わない手法もある[162]。自衛権の発動に至らないまでも、放置すれば日本への直接の武力攻撃に至るおそれがある場合や、国連安保理決議という国際社会全体が非難に値するとして各国に対応を求める事態に実施されるが、自衛隊が戦力性を有するからこそ、実効性が確保できようというものである。国内外の批判を懸念するあまり、適用要件を絞り過ぎると、船舶検査が有名無実化するおそれがある。

　例えば、北朝鮮船舶の瀬取りの問題については、国連安保理決議2397号（2017年12月23日）に基づき、海上自衛隊は、防衛省設置法にある「所掌事務の遂行に必要な調査・研究（4条18号）」任務を根拠に警戒監視を行い、国連の関係部局に通報している。また、海上保安庁には、国連安保理決議に基づき制定された北朝鮮貨物検査法[163]及び外為法[164]により船舶検査を行う権限があるが、肝心の船が入港しなかったり、指定された禁制品がなければ手出しができない。

　国連安保理決議が強化されれば、法的には抜け穴を狭めることが可能だとしても、我が国は周辺の当事国である。国連安保理決議は、安保理から与えられるだけではなく、安保理決議の採択を働きかけることができるわけであり、検査対象項目の追加も含めた独自の措置の導入も検討すべきであろう。大事なことは、実際の運用においてどのような手段であれば実効性があがるのか、より現実的な手段を構築していくことである。

64　第2部　陸海空軍その他の戦力（9条2項前段）

(4) 地理的範囲の限定 ― 非戦闘地域

①テロ特措法

　「テロ特措法」は、正式名称を「平成13年9月11日のアメリカ合衆国において発生したテロリストによる攻撃等に対応して行われる国際連合憲章の目的達成のための諸外国の活動に対して我が国が実施する措置及び関連する国際連合決議等に基づく人道的措置に関する特別措置法」（2001年法律113号）という。実に長い名前の法律であり一息で読み終えないが、平たく言えば、9.11同時多発テロに対して、国連安保理決議が出たので、わが国としても何らかの協力をしようとして策定した法的枠組みである。

　この法律は、1条（目的）に規定するように、2001年の9.11アメリカ同時多発テロが、国連安保理決議1368号によって、「国際の平和及び安全に対する脅威」と認められたことを明示している。わが国も、国際テロの防止及び根絶のための国際社会の取組みに積極的かつ主体的に寄与することを定めていた。テロ特措法は延長を繰り返した後、活動内容を海上阻止活動に従事するアメリカ軍に対象を絞り、給油を行うための補給支援特措法と名前を変えて活動を継続していたが[165]、2010年、民主党政権下、その役割を終えたとして期限延長の措置がとられず廃止となった。

　憲法9条との関係で重要なのは、基本原則を定める2条2項と3項である。すなわち、2項はこの法律に基づく協力支援活動、捜索救援活動、被災民救援活動その他の対応措置の実施が「武力による威嚇又は武力の行使に当たるものであってはならない」とすることで、憲法9条1項に違反しないようにしている。また、続く3項で、実施する対応措置が「我が国領域及び現に戦闘行為（国際的な武力紛争の一環として行われる人を殺傷し又は物を破壊する行為）が行われていないことが前提とされ、かつ、そこで実施される活動の期間を通じて戦闘行為が行われることがないと認められる公海その上空（1号）及び外国の領域（当該外国の同意が前提）（2号）において実施するとされていた。これが巷間、「非戦闘地域」と呼ばれるものである。

　この概念は、定義にあるように「国際的な武力紛争の一環として行われる」

という限定付きのものであるが、野党やマスメディアからは一般用語と混同して用いられたいわくつきの概念である。回りくどい説明を要するが、次に述べる2003年のイラク特措法に引き継がれたことから、イラク特措法と併せて後述する。

②イラク特措法

2001年のテロ特措法より題名は短いものの、正式名称は「イラクにおける人道復興支援活動及び安全確保支援活動の実施に関する特別措置法」（2003年法律137号）である。目的は1条に示されている。平たく言うと、①国連決議に基づき国連加盟国によって行われたイラクに対する武力行使とそれに引き続く事態に対処する、②イラクの速やかな再建を図るために実施される国際社会の取組に関し、わが国も主体的かつ積極的に寄与する、③人道復興支援活動及び安全確保支援活動を行う、④イラクの国家再建を通じてわが国を含む国際社会の平和及び安全の確保に資することであった。

憲法9条との関係は、前述のテロ特措法と同様、2条（基本原則）で、対応措置の実施は「武力による威嚇又は武力の行使に当たるものであってはならない（2項）」とされていた。自衛隊の活動の地理的な制約としては、「我が国領域及び現に戦闘行為（国際的な武力紛争の一環として行われる人を殺傷し又は物を破壊する行為）が行われておらず、かつ、そこで実施される活動の期間を通じて戦闘行為が行われることがないと認められる外国の領域（1号）及び公海とその上空（2号）」とされていた。テロ特措法と同様、時限立法であり、期限延長の措置がとられず、2009年に廃止となった。次項において、周辺事態法に定められていた「後方地域」とテロ特措法・イラク特措法に定められていた「非戦闘地域」をまとめて解説する。

③後方地域・非戦闘地域

「後方地域」及び「非戦闘地域」は、自衛隊の活動のうち、自衛権の発動ではない行動であって、とりわけ多国籍軍への後方支援を行う際に法律上指定されてきたもので、派遣された自衛隊の活動地域を限定する。自衛隊が行おうと

する活動が、憲法9条1項で禁止される武力の行使に該当してしまう場合があるといった懸念を払拭するために考案された法概念である。つまり、テロ特措法やイラク特措法に基づいて自衛隊が行動する際に、憲法9条が定める他国との武力衝突を避けるという原則を守りつつ、自衛隊の活動を可能とするために編み出された法的枠組みであった。しかし、このような技巧的な解釈を積み重ねても、一般国民はおろか国会議員やメディアも含めて、おおかたの理解を得ることは困難な代物になってしまった。

　事実、イラクに派遣された隊員が記した日報にも、現地で"戦闘"があった旨の記述があったことから、野党が政府与党を責める格好の材料となった。時に軍事機密が含まれる日報が、他省庁と同じ"行政文書"という扱いでいいのか、また、一定の非開示期間を設けてはどうかなどの議論はあるが、本書で取り上げるのは、日報に記述された"戦闘"という文言と、イラク特措法等に定めれていた"戦闘"との異同である。この戦闘概念がどのような論理構成をとっていたのかを理解することは、自衛隊の戦力性や交戦権の実効性に関する改憲論議を進める上で一助になり得る。

　非戦闘地域というと、民主党の菅代表との党首討論で小泉元総理が言い放った「どこが非戦闘地域でどこが戦闘地域かと今この私に聞かれたって、わかるわけないじゃないですか」という人を食った発言[166] が思い出される。同じく、翌年の民主党岡田代表との党首討論でも「自衛隊が活動している地域は非戦闘地域だ」と応じた[167] ことで失笑を買った。その無責任ともとれる語調と相まって、自衛隊の活動に対して政治不信を抱かせる言動となってしまった。

　イラク特措法2条3項によると、自衛隊の活動は「**我が国領域及び現に戦闘行為（国際的な武力紛争の一環として行われる人を殺傷し又は物を破壊する行為をいう。以下同じ。）が行われておらず、かつ、そこで実施される活動の期間を通じて戦闘行為が行われることがないと認められる次に掲げる地域において実施するものとする**」とされていた。法律においては、戦闘地域のウラの概念として非戦闘地域が定められていたのであり、非戦闘地域概念が法律上、定義されていたわけではない。

　ともあれ、宿営地に迫撃砲が撃ち込まれたり、小競り合いに巻き込まれてい

たという事実は、自衛隊が戦闘地域にいないはずだという法律上の前提が崩れたかに見えた。そうなれば、自衛隊が活動できる地域は非戦闘地域に限定されているから、自衛隊が戦闘地域にいることは法律違反だと主張する根拠として使えそうだ。このような議論があったためか、安保法制では非戦闘地域概念は引き継がれず、「現に戦闘行為が行われている現場」以外なら自衛隊が活動できることとなった[168]。

　話を元に戻すが、政府解釈が前提としている法律の定義によると、当時の小泉総理の言った「自衛隊がいる所は非戦闘地域である」という表現は、論理的には正しいことになってしまう摩訶不思議な概念である。種明かしをしよう。非戦闘地域概念は、憲法9条1項に言う"武力の行使"と同一視されることを避けるための概念である。憲法9条1項は、国際紛争を解決する手段としての武力の行使又は武力による威嚇を禁止している。よって、"他国"において活動する自衛隊の部隊の活動が、武力行使との一体化を避けるためには、自衛隊が活動地域で"他国"の部隊等と対峙しなければいい。そして、ここでいう"他国"とは、"国または、国に準じる組織"（以降、「国・国準」という。）のことをいうと定義した。このように、他国にいる勢力を、国・国準に選別した上で、自衛隊の活動地域を、国・国準と混交しない地域と定めることにより、自衛隊が活動する現地での武力衝突の可能性をなくそうとしたのである。

　繰り返すが、自衛隊が避けなければならないのは国・国準との戦闘であり、戦闘地域は国・国準が跋扈する地域となる。それが、法律が想定した本来の意味の戦闘地域であった。よって、そういった戦闘地域のウラの概念である非戦闘地域とは、自衛隊が派遣された国の中で、その活動期間を通じて国・国準が活動していない地域ということになる。

　注意しなければならないのは、戦争が違法化された現在、戦争という言葉に代わって使われることとなった、"国際的な武力紛争"という国際法上の概念である。この限定された意味での武力紛争が行われていない国の中で、しかも、国・国準が活動の期間を通じて「戦闘」が行われていない地域ということである。だから、一般用語や軍事用語としての戦闘とは自ずとその意味内容が違ってくる。

68　第2部　陸海空軍その他の戦力（9条2項前段）

　他方、戦闘地域は、一般にはcombat zoneと訳されるから、その文言が意図的に用いられることによって、軍や戦闘集団が日常的に活動する地域であることがイメージできる。両者は対象が異なっているが、「戦闘」という同じ言葉が使われることによって、混同を助長してしまった。

　しかし、たとえ法的には前述のような概念上の線引きはできても、日本共産党が多用した「戦争において前線も後方もない」といった言い方[169]は、残念ながら一般論として説得力があった。また、当時の民主党が主張した「たとえ「イラク特措法」が想定する「非戦闘地域」が一時的に存在したとしても、相手側の意志により一瞬にして「戦闘地域」に変わり得るなど、同法に基づく自衛隊派遣の法的枠組みはフィクションである[170]」という主張は、この概念の脆弱性を示すものとなった。たとえて言えば、幕末の戊辰戦争時、新政府側の西郷隆盛と幕臣の勝海舟は、交渉によって江戸城無血開城を成し遂げたが、勝は交渉が決裂した場合に備え、新門辰五郎らの町火消や博徒らに、焦土作戦の一環として江戸市中の放火を命じていたとされる。幕臣の勝に命じられた博徒らが、幕府の統制下で任務を遂行していれば、その博徒らはテロ特措法やイラク特措法を当てはめると、国際法上は非戦闘員（町人）から、国又は国に準じた組織（＝戦闘員集団）に転換する。それまで武装した幕臣（武士）が戦闘行為をしていなかった市中（非戦闘地域）であっても、幕府の配下となった博徒らが火付けを開始すれば、その地域は戦闘地域に転じる。

　非戦闘地域と言えるためには、「①我が国領域及び②現に戦闘行為（国際的な武力紛争の一環として行われる人を殺傷し又は物を破壊する行為）が行われておらず、かつ、③そこで実施される活動の期間を通じて戦闘行為が行われることがないと認められる地域」であることが必要であった。意図的か否かは不明だが、インターネットで朝日新聞の記事検索をかければ、非戦闘地域の説明として、なぜか肝心の②を省略している[171]。本当は②の（　）内の定義の方が重要なのであるが、すっぽり抜け落ちている。

　なお、非戦闘地域の理解に当たっては、（田村重信ほか『日本の防衛法制第2版』（内外出版、2012年）、541-543頁）が、的確にまとめてくれているので、主として[172]これを参考にしつつ非戦闘地域概念の説明を続けることとする。

〈非戦闘地域のイメージ〉

○**基本原則：対応措置の実施** → 武力による威嚇又は武力の行使 に当たるものであってはならない。
━ 憲法9条1項

○**対応措置：** 非戦闘地域 で実施。 ＝我が国が、憲法9条1項が禁じる「**武力の行使**」を行ったという評価を受けないために、他国による武力行使との一体化の問題を生じないことを制度的に担保するため設けた概念

「現に戦闘が行われておらず、そこで実施される活動の期間を通じて
戦闘行為 が行われることがないと認められる地域」

国際的な武力紛争の一環として行われる人を殺傷し、物を破壊する行為

＊**国際的武力紛争**[173]：1949年のジュネーヴ諸条約共通2条
「締約国の一が戦争状態を承認するとしないとを問わず」、事実のレベルにおいて「二以上の締約国の間に生ずるすべての宣言された戦争又はその他の武力紛争」
⇒ 国家が軍隊などを通じて他国に武力を用いるときに国際的武力紛争が発生。
●**国又は国に準ずる組織**の間において生じる武力を用いた争い
●**国際的な武力紛争の該当性**
➡ 国際性、計画性、組織性、継続性等の観点から個別具体的に判断

〈国又は国に準じる組織と戦闘行為の関係〉

＊「**国又は国に準ずる組織**」による「**戦闘行為**」に該当しないとされた例
― 純然たる国内的治安問題にとどまるテロ行為
― 散発的な発砲や襲撃などのように組織性や計画性、継続性が明らかでなく偶発的なものと認められ、それが全体として国又は国に準ずる組織の意思に基づいて遂行されていると認められないようなもの。
― フセイン政権の残党が、日々の生活の糧を得るために略奪行為を行っている場合には、該当しない。
― 南スーダンPKOが派遣されたジュバにおいては、人を殺傷しまたは物を破壊する行為はあったものの、国際的な武力紛争の一環としては行われていない。
　→ ジュバの情勢は、武力紛争とみなすと、PKO参加5原則の参加条件を満たさなくなるおそれもあり、「武力衝突」という文言を用いた。

＊「**国又は国に準ずる組織**」による「**戦闘行為**」に該当し得るとされた例
― フセイン政権の再興を目指して、フセイン政権の残党が米英軍等に抵抗運動を続ける場合。
― 少人数又はたった一人によって行われる、偶発的・散発的に見える発砲等の行為であっても、組織性、計画性、継続性等の観点から、それらの行為の全体が国又は国に準ずる組織の意思に基づいて遂行されていると認められるような場合。

70 第2部 陸海空軍その他の戦力（9条2項前段）

　以上を踏まえ、ごく単純化して言えば、非戦闘地域とは、国・国準を主体とする**国際法上の武力紛争**が、現在、将来にわたって生じないと認められる地域である。そして、自衛隊はそのような場所において駐屯し活動できる。そこでは、たとえ散発的な銃撃戦が発生したり、迫撃砲が撃ち込まれるような事態が生じても、国際的な武力紛争に該当しなければ、非戦闘地域性は維持される。結局、小泉元総理が言い放った"自衛隊が活動している地域は非戦闘地域"であるという表現は、法律上は正しいことになる。

　後方地域や非戦闘地域といった法的概念は、周辺事態法、イラク特措法等で自衛隊が活動すべきとされる地域概念の分かりにくさを攻撃するには好材料だったと言える。この分かりにくさは、現在においても解消されていない。現地にいた隊員が日報に書いた"戦闘"という言葉は、文字通り現地で銃撃戦等が生じた事実に基づく記録であり、将来にわたって教訓とするために、可能な限り事実を事実として記録しておくべきものである。自衛隊が駐屯していたサマワは、国際的な武力紛争が終結した後に、法律によって復興支援活動の対象とされた地域であった。だから、そこで散発的な小競り合いや銃撃戦があったからといって、国・国準によって、継続的、組織的、計画的に国際性をもって展開されていなければ、小競り合い等の発生をもって、戦闘地域に該当するわけではないという法律上の合法化が可能となる。

　しかし、技巧に過ぎれば、形式的な整合はとれていても国民から理解されない。政府が辻褄を合わせるため9条との整合を図ったつもりでも、却って法文への期待や信頼をなくす効果をもたらすだけである。確かに、このような限定をかけることは、9条の議論が惹起されるのを防ぐという意味で、国内向けの説明に資するだけでなく、派遣される自衛隊員の身の安全のためにも都合がいいのかもしれない。しかし、それでは実力部隊として派遣された意味はなく、必要な役割を果たしていないといった批判に応えられるのか疑問である[174]。

④目的論 v. 法律論

　本来であれば、他国で紛争等が生じたときは、その武力紛争の背景や国際社会の動向を踏まえ、国としてその事態にどう向き合うべきかをまず考えなければならない。つまり、その紛争が一時的か否かといった見極めのほかに、リスクをとってまでも、他国の人々を救うために、実力部隊を派遣すべきか否か、また、既に派遣していた場合、その部隊の活動を中断するのか撤退させるのかといった判断である。そして、その判断に続いて出てくるのが法律上の議論である。本当は、前者の判断の方が深刻かつ難しい。

　しかし、往々にしてわが国の場合、まず、自衛隊の行動を制限する憲法論から議論から始まり、政府もその議論に引っ張られてしまい、想定される自衛隊の行動に関し、法律上の合法化、正当化の説明に走る傾向がある。法的な議論は切れ味が鋭いように見える。しかし、その議論の背景には、抽象度の高い正邪の価値判断を絡めて、最初から政府与党が企てる部隊派遣に問題があるものと決めつけ、それにどう抵抗するかといった図式が固定化される歴史が繰り返されてきた。

　本来、実力部隊の派遣や撤退という重い決断をするには、国際協調や人道上の配慮はもちろん、利害関係国との政治・経済関係も含めた国益を秤にかけつつ行うべきものである。法的な議論は必要であるが、まず先に来るべきなのは、そもそも実力部隊を出すべきなのかそうでないのか、隊員の生命に危険が及ぶリスクや任務遂行中に、受入国の部隊や住民の殺傷に及ぶかもしれないリスクを見極めることである。法律論はそのような判断をするに当たって用いる一つの物差しである。その判断を差し置いて、歯止めという言葉を安易に使うと、時の政府に対して有効な抵抗ツールにはなるが、検討の末、派遣が必要と判断した場合には足かせともなる。法律論を語る前に、対象となっている紛争が真に派遣に値するのかの情報収集と分析が重要である。まず憲法論ありきの手法が高じると、結局、非戦闘地域概念のような論理的な辻褄合わせに終始することになり、本来、わが国がどうかかわるべきかの判断が二の次になるきらいがあることに思いを致すべきである。

72　第2部　陸海空軍その他の戦力（9条2項前段）

(5) グレー・ゾーン事態

　武力行使以外の、すなわち自衛権の発動でない行動としては、そこに至る前のグレー・ゾーン事態と言われるマイナー自衛権[175]とされるものや領域警備活動等の問題がある。

①マイナー自衛権

　マイナー自衛権の評価については、わが国独自の用語である上、その定義もまちまちであるとされるが、1997年には、橋本総理が国連憲章51条の解釈について、一般論と断りながらも「武力攻撃以外の形の侵害に対して自衛権の行使を排除するという趣旨」ではないと答えている[176]。これに続き、翌年、高村外務大臣が「武力攻撃に至らない武力の行使に対し、自衛権の行使としての必要最小限度の範囲内において武力を行使することは一般国際法上認められており、このことを国連憲章が排除しているものではない[177]」と答弁している。以上のことから判断すると、武力行使に至らない侵害に対する自衛権の行使をマイナー自衛権の意味で使っていたと思われる。

　この言いぶりは、既に戦争が違法化されているという「常識」に反するようにも聞こえる。しかし、国際法の法源は条約と一般国際法（慣習国際法ともいう。以下「一般国際法」という）であり、国連憲章は憲章という名の多国間条約である。その語感から国際社会の上位法のような響きがあるが、自衛権を例にとれば、国連憲章は特別法であり、一般国際法はその一般法に当たるということだろう。そこで自衛権に対して両者の間で解釈の相違があれば、「特別法は一般法を破る」という原則から、国連憲章が優先的に適用されるのは確かだろう。しかし、国連憲章が機能しない場合、例えば安保理が常任理事国の拒否権発動等で機能不全に陥り、対処不能になるといった場合には、一般法たる一般国際法の出番になるかもしれない[178]。

　その意味では、普段は国連憲章51条の自衛権の陰に隠れて見えないが、その背景では一般国際法上の自衛権も併存していると見ることも可能であろう。具体的には国境紛争、例えば国境における歩哨の撃ち合いがあった場合、とり

あえず現場で対抗しておくことなどを想定したもの[179]とされている。武器使用の態様ということであれば、前述の部隊行動基準において定めを置いて対処すべき事項であろう。安易に自衛権の発動に至らせないための一つの知恵だと考える。

②領域警備

　近隣諸国による度重なる領海侵入等に対処するため、領域警備を自衛隊の任務化する立法化の試みは、旧民主党や維新の党の提案があった[180]。活動区域を指定して、武力攻撃事態と平時との間を埋める、まさにグレー・ゾーン事態に対応するためのものだったと理解する。政府は、法制化は不要として、自衛隊、警察、海上保安庁と連携するなど、切れ目のない対応を可能にするための閣議決定を行うことで対処した[181]。立法化しなければ現行法で対処できないのか、現行法でも読めるが法定した方がより効果が上がるのかという議論であろう。

　区域指定を行うこと自体が、国際社会に対して、指定された区域が係争地域であることを知らしめる効果をもたらしてしまうという[182]懸念はある。しかし、自衛権発動前の自衛隊の活動の基準を示すものとして必要性があるようにも思える。何らかの立法化は必要なかったのかについては、検討の余地もあったかもしれない。

　なお、政治的には、安保法制に対して、一定の修正を勝ち取ることを前提に、与野党協議の交渉材料とすることを目的として策定されたものと見ることも可能である。与野党協議の末、合意に至れば、修正の上、政府案に賛成するという政治上の狙いがあったものと割り切るべきかもしれない。政策・制度的には、戦力と交戦権との関係を正しく捉え、武力行使に至るまでのエスカレーション・ラダーの一段階として整理すべきである。

③その他のグレー・ゾーン事態

　その他、グレー・ゾーン事態には、従来から島嶼防衛や在外邦人輸送等も指摘されている。2018年12月18日に決定された防衛計画の大綱[183]においては、

74   第2部　陸海空軍その他の戦力（9条2項前段）

自衛隊の体制等を宇宙・サイバー・電磁波といった新たな領域を含め、領域横断作戦（クロス・ドメイン）を実現するため、統合運用の強化とともに、各自衛隊の体制の整備を強調している。

　その方向性は理解するが、自衛隊を軍でもない戦力でもない組織という曖昧な位置づけを放置したまま、自衛隊に対して様々な安全保障上の課題に正面から対処するための任務を担わせることに対しては違和感がある。

第３部　交戦権（９条２項後段）

1 そもそも交戦権とは何か

9条2項は、「国の交戦権は、これを認めない」と規定するが、そもそもここにいう国の交戦権とは何か。最初に断っておくと、その答えの如何にかかわらず、内閣法制局の有権解釈を一応有効なものと受け止めて議論するという本書のスタンスは変わらない。内閣法制局の定義はこうだ[184]。

〈交　戦　権〉

---

(1) 憲法第9条第2項が否定している「交戦権」とは、戦いを交える権利という意味ではなく、交戦国が国際法上有する種々の権利の総称であって、相手国兵力の殺傷及び破壊、相手国の領土の占領、そこにおける占領行政、中立国船舶の臨検、敵性船舶のだ捕等を含むものである。
(2) 他方、わが国は、自衛権の行使に当たっては、わが国を防衛するための必要最小限度の実力を行使することが当然認められるのであって、武力の行使の三要件を満たす武力の行使は、我が国を防衛するための必要最小限度の実力の行使であるから、交戦権の行使とは別のものである。

具体例は後述するとして、国際法は日本国憲法にいう"国の交戦権"と言われる right of belligerency of the state をどう捉えているのか。戦前は、国の開戦権説と国家が国際法上有する諸権利説との両説あったようだが、交戦権自体に国際法上の定義はなく、使用例も見つからない[185]。国際法上、確立した概念ではなかったとも言われている[186]。

〈戦前・戦後の変化〉

1924年（松原一雄[187]）：交戦国が国際法上有する権利義務の略称。belligerent right ということがある。戦争をなす権利 right to make war は、これに関する義務がないことから、権利として存在しない。

> **1931 年（立作太郎 [188]）**：国家の戦争状態に立つ権能又は能力を持って交戦権と称することがある。しかし、この意義の交戦権は、義務に対応すべき真の権利には属しない。独立国は戦争状態に立つ権能を有する。
>
> **1941 年（信夫淳平 [189]）**：交戦権者が敵国人・中立国人に対して有する作戦上必要なる諸般の権利。国家の交戦権は、交戦に従事する交戦者権とは異なり、他の国家に対して開戦をなすことができる独立国家の基本的権利。 → 両者を分けて理解する。
>
> **1942 年（松原一雄 [190]）**：交戦権とは、交戦国間の権利義務の総称。

＊戦前の一般的傾向：両説が併存していた。

　2018 年 6 月 18 日、政府は、「国際法上の交戦者の権利・義務に関する質問主意書」に対する答弁書 [191] において、一般国際法上、「交戦権」については「確立した定義は承知していない」としながらも、「一般に戦争自体が国家政策の遂行手段の一つとして認められていた伝統的な戦時国際法の下で、国家が「交戦国」として有する国際法上の諸権利を指す」とした。当然ながら、内閣法制局の示してきた方向性と軌を一にする。しかし、続けて「武力の行使が原則的に禁止され、国際法上、戦争が違法化された国連憲章の下においては、戦争が違法でないことを前提として伝統的な意味での「交戦権」をそのままの形で適用はできない」としながらも、「各紛争当事国は、個別の事例ごとにおける国際法上の根拠に基づき、その認める範囲内で、従来であれば「交戦権」の行使として認められていた措置をとることが可能である」という認識を示している。要は、国連加盟国は、一定の制限の下で、伝統的に交戦権とされていた権利を行使できるとした。翻ってわが国は、9 条 2 項によって、"国の交戦権"を明文で否認していることから、その"制約された交戦権"の行使さえ認めないとする構成をとっている。

　憲法に条項があるので、憲法学者は、交戦権を国際法起源の概念であることを前提として説明しているが、肝心の国際法学者や国際法を所管する外務省がその定義を"承知していない"と言っている。憲法の条文に、得体の知れない概念が注入されている、こんな感じだろうか。普通なら"国の交戦権"は、それこそ読んで字のごとく"国が戦いを交える権利 [192]"としたいところだが、そんな単純な話ではない。しかし、国民の受け止めは、憲法 9 条 1 項によってわが国は戦争をしないと決めたのだから、戦いを交える権利がなくて当然だぐ

78 第3部 交戦権（9条2項後段）

らいの思いでしかないだろう。1954年当時の法制局参事官は「交戦権の定義
が確立されていないのであるから、その範囲について議論しても無駄なこと」
とまで述べている[193]。

　それでも、国会で質問を受ければ、内閣法制局は政府の法律顧問としてそれ
まで培った知見と相場観をもって答弁せざるを得ない立場にあるのだから、関
係者には同情を禁じ得ない。しかし、実際に9条2項に明文規定がある以上、
憲法以下の法律案を立案するに当たっては、担当者は否が応でもその影響を受
ける。政府が示してきた解釈の範囲内で既存の立法措置が行われる事実を重く
受け止めれば、放置することは許されず、何らかの対策をとるべきである。

　以下、①学者・実務家による交戦権の理解、②交戦権否認条項が挿入された
経過を検討するとともに、③制憲議会における政府解釈を概観し、④学説等の
一般的な傾向を示す。その上で、⑤本書の立場を述べ、⑥交戦権と国際社会と
の関りについて取り上げる。これをもって、次項以降に示す歴代の内閣法制局
が示してきた解釈が、具体的な立法過程にもたらした問題点についての評価の
ベースとしたい。

(1) 交戦権に関する議論

　交戦権を巡っては、国際法学者と憲法学者との間で意見の対立がある。ここ
でその構図を紹介するが、それは学説上いずれの見解がより説得力があるのか
を判定するためではない。そもそも、この交戦権という概念が、いかに脆弱な
基礎の上に築かれてきたのかを示すためであり、ひいては学説上の対立とし
て、どこまで真剣に論じる意味があるのかを問いたいからである。

　以下、交戦権規定をどう理解していたか、戦後の学者・実務家の見解を整理
した。

1 そもそも交戦権とは何か　79

〈right of belligerency（交戦権）に関する学者及び実務経験者の理解〉

発表年	発言者／出典	＊コメント概要：単に学説の違いに触れているものは、掲載していない。 ＊文脈によって、省略または補足している部分がある。
1952 年	前原光雄[194]	元国際法学会理事長：立法者の手落ちである。このような権利が国際法上存することを私は未だいかなる著述中にも見出す機会に恵まれない。解釈の不一致は、交戦権という不明瞭な用語から来る。belligerent right の場合は、交戦者の権利であって、交戦権ではない。日本憲法にこのような言葉を用いたことは立法者の不用意である。
1952 年	定塚道雄[195]	刑法学者：交戦は望むところではないが、交戦権を放棄してはならない。（単に交戦行為と理解）
1954 年	田村幸策[196]	国際法学者：日本語の感覚から「戦争権」または「開戦権」に該当するかのごとき錯覚を起こす。国際法上の専門語であって、戦争が開始されれば、何人の承認をも必要とせず、国際法上当然持つことを許される例外的権利。他国がこれを否認したり剥奪することを許さない。開戦権とは別。
1954 年	関道雄[197]	元法制局参事官：定義が確立されていないのであるから、その範囲について議論しても無駄なこと。
1958 年	山川端夫[198]	元法制局長官：国際法に使う字句を間違えてやしないか。外国から侵略軍が入ってきた場合、人民が反撃をする権利で、国際法の保護がある。国際法の用語やなんかを知らない人が書いたもので大変まずい。（交戦団体の意）
1958 年	佐々木惣一[199]	憲法学者：わが国自身で他国に対して交戦権を主張しないことを定める。
1959 年	高田元三郎[200]	元憲法調査会運営委員：（由来及び国際法上の意味）はよくわからない。ハッシィ元中佐、ラウェル元中佐［両者とも GHQ 憲法草案作成準備運営委員会委員］から「マッカーサー元帥一流の特異な用語。自分たちも特に議論しなかった」と聞いた。
1959 年	佐藤達夫[201]	元法制局長官：政府解釈からすると、s の字が入っていた方がぴったり合う。rights（複数形）とあったものを right（単数形）として s を落としたのはケアレス・ミス。
1962 年	佐藤達夫[202]	同上：憲法議事の頃から解釈不一致。同一の文言を各人がいろいろに解釈した結果憲法解釈に二つの流儀。学問上熟していない。新語に近い。マッカーサー・ノートは、交戦状態から来る権利または交戦者の権利と訳すべきで、当時の第一訳にはその気持ちが出ている。理由は分からぬが改訳して災を後世に残した。

80 第3部　交戦権（9条2項後段）

1965年	高野雄一[203]	国際法学者：憲法九条が交戦権を一定の国際法的意義で用いているかどうかはっきりしないとしながらも、国際法と無関係ではないとする。
1977年	筒井若水[204]	国際法学者：「国家の交戦権」と表現する慣行は、国際法において認められていない。従来の用法から孤立したいわば新奇な用例。問題は交戦権という表現を使ったことそのものにある。開戦権説をとる。
1979年	角田順[205]	国際法学者：主権国家の保有する権利を示す法律用語としては、いまだかつて通用したことのない言葉。憲法の中に出現したのは、占領軍関係者の法的無知に由来したもの。国際法年次大会において、合理的な解釈を下しえず、「国際法上はナンセンスな規定である」とする報告を了承。未熟な新語は法的曖昧さを内包。
1980年	江藤淳[206]	評論家：交戦権を認め合うことで、保守・革新両派は日本の固有の主権への拘束と制限を黙認しあい、米国はまるごと日本を傘下におさめた。
1981年	山口開治[207]	国際法学者：国家の開戦権説だと right to resort to war か right to make a war（旧説）、交戦者の権利の総称説なら、憲法の英文は right of belligerency であるが、陸戦法規は right of war, 一般的には belligerent right の使用例が多い。
1981年	大平善梧[208]	国際法学者：あまり使用されない用語法であり、交戦団体の交戦権の説明に用いられていた。叛徒団体が交戦団体の承認を受ける場合に使用され、交戦能力を指摘している。普通は right of belligerent が用いられているが、マッカーサーの特殊な用語法に起源するもので、複数形が使用されていた。出来上がったものは、単数形となっている。起草の模様から見るとナンセンスのようである。
1982年	小林直樹[209]	憲法学者：9条1項で自衛権を認める説を否定するために、9条2項で交戦権を保有しないことを理由とする。9条1項と連動して交戦権の否認を理解する。
1989年	佐藤功[210]	憲法学者：国際法上の概念、交戦国として国家が国際法上禁止されていない限りで認められる諸権利。自衛行動権と交戦権は区別すべきで戦闘員資格も要求できる。
1991年	浦部法穂[211]	憲法学者：国際法上の権利が否定されるというのは不可解。自衛の場合、交戦権が否定されないとする説は、こじつけでしかない。
1992年	橋本公亘[212]	憲法学者：侵略戦争のための交戦権は否認するが、自衛のための交戦権は認める。
1992年	C.ラミス[213]	元米海兵隊：国際法上の戦闘員資格と類似の権利と捉え、交戦権否認を支持する。
1995年	佐藤幸治[214]	憲法学者：国際法上認められている諸権利を放棄すること。

1995 年	大石義雄 [215]	憲法学者：交戦権は何も定めておらず、自衛のための交戦権も問題は生じない。
1997 年	佐々木高雄 [216]	憲法学者：（松本大臣が）言葉を弄んでいるうちに生まれたものにすぎない。
1998 年	竹花光範 [217]	憲法学者：自衛戦争に必要最低限の交戦権は認めるが、それ以外の交戦権は放棄する。
1998 年	飯田忠雄 [218]	憲法学者：憲法 13 条から、国民の生命権、自由権及び幸福追求権を守るため、侵略軍と戦うことは、国の国民に対する義務である。
2000 年	小針司 [219]	防衛法学者：国内法である憲法により、交戦権を否認しようとしても戦争法（国際人道法）の定める義務規定の適用を排除することはできない。
2001 年	藤田久一 [220]	国際法学者：連盟規約、不戦条約、さらに国連憲章へと引き継がれ展開してきた戦争違法化と軍縮の系譜の線上にある。戦争禁止の思想を一層進めた。
2004 年	長谷部恭男 [221]	憲法学者：戦争をする権利があるとしても、交戦権に認められる諸権利に還元され、区別する意義は明らかではない。
2006 年	細川壮平 [222]	憲法学者：侵略戦争の放棄と一致させる意味で、国家の宣戦布告・講和という主権の行使を禁じる意味。
2013 年	田中良則 [223]	国体学者：合法的戦争の過程において戦争放棄により禁止されていない方法及び状況において兵士が敵を殺害する権利（東京裁判における訴因）。交戦権が認められない場合、敵戦闘員の殺害は、国際刑法上の殺人に該当する。交戦権規定は廃止すべき。
2016 年	鈴木英輔 [224]	国際政策学者：日本だけに通じる概念であって、その要請は、独善的な日本版「解釈論理」。
2017 年	篠田英朗 [225]	国際政治学者：否認するまでもなく、現代国際法には存在していない概念。国内法体系にも存在しておらず、存在していないものを否定しているのが 9 条 2 項。
2017 年	水島朝穂 [226]	憲法学者：当初から交戦権の意味は明らかではなく、憲法学でも交戦権の意味は必ずしも明らかでないとして……込み入った議論が展開されてきた。
2017 年	伊勢﨑賢治 [227]	元国連職員：国際法上の戦闘員資格と同様のものと捉え、訴追免除の地位協定を有しながら、軍事司法を有しない自衛隊の PKO への部隊派遣を違憲とする。
2018 年	小堀桂一郎 [228]	歴史学者：平和条約発効による主権回復と同時に、法理上の意味を失ひ、ただ憲法本文の中にその文字が残るだけの空文と化してゐる。……国家に自然に具はる権利にして且（か）つ国際法的遵守義務も有するこの法理を無視する事が、紛争当事者双方にどれほどの禍害をもたらすものであるか。

(2) 交戦権規定の経過

　本書の冒頭に取り上げたが、交戦権規定はマッカーサー・ノートに起源がある。「**日本が陸海空軍を持つ権能は、将来も与えられることはなく、交戦権が日本軍に与えられることもない**」とされていた。問題は、後段の「交戦権が日本軍に与えられることもない」という規定である。現行の9条2項は「国の交戦権は、これを認めない」という文言になっていて、微妙に変わっている。すなわち、交戦権の対象が"日本軍"なのか、それとも"国"なのか。①9条が採用した"国"の交戦権ならば、国際法上 jus ad bellum と呼ばれるものとも解釈でき、本書では便宜上、「国の開戦権説」という文言を用いる。他方、②軍など交戦者が有する諸権利の総称とするなら、国際法上 jus in bello と呼ばれるもので、以降「交戦権者の権利総称説」という用語を用いる。

　両説の違いについては後述するとして、まず、どのような経過でこの文言が入ったのかを見てみよう。元GHQ民政局ケーディス次長（法曹資格を有する大佐）は、マッカーサー・ノートの作成名義人であるマッカーサー元帥から憲法草案の策定を命じられ、憲法起草班を組織して法曹資格者を中心とする20数人のアメリカ軍将校で、わずか6日間で草案を完成させたという[229]。ケーディス元次長の証言を要約すれば、①彼自身、right of belligerency の意味を理解していなかったし、現役を引退し、守秘義務がなくなった1981年4月（インタビュー時）においてもそうだ。②当初からその文言はマッカーサー・ノートに入っていた。③その文言が挿入された経緯は、軍人として尋ねる立場になかったので、敢えて確かめることはしなかった。④用語の意味が不明だったので、日本側から削除の申し入れがあれば、自ら有していた裁量権を行使して撤回する用意があった。⑤日本側から削除の要請がなかったので、交戦権否認条項として残った[230]という。もちろん、人の記憶は不完全であり、善意であっても、証言者には自己正当化や責任回避、誇張、記憶違い、偏見などもあり、その信憑性については割り引いて考える必要がある。

　そこで、他方の当事者であった日本側の関係者の国会における証言を見てみると、元法制局長官の佐藤達夫は、①実際に9条2項を起草したのは松本国

務大臣であること、②松本大臣が外務省仮訳にあった「日本軍に対して…交戦状態の諸権利（rights of belligerency ... upon any Japanse force）」とあったのを「國家ノ交戦権（the right of belligerency of the state）」に変更したこと、③松本国務大臣が「「交戦者の権利」と「戦争する権利」との違いについて、「戦争をする権利」とのみこんでいたと思われる節もあった」旨の証言をしている[231]。

〈GHQ関係者及び政府関係者の証言〉

1946年	ケーディス大佐[232]	元GHQ民政局次長：right of belligerency の意味を知らないまま9条に入れた。
1946年	松本烝治[233]	元憲法担当国務大臣：戦争をする権利（開戦権者説）とのみ込んでいた節がある（佐藤達夫の証言）。
1959年	M.ラウェル元中佐 A.ハッシー元中佐	元GHQ民政局行政部憲法草案準備運営委員会委員（両者とも）：憲法草案作成に従事。「交戦権規定の挿入は、誰の起案によるかは不明」と回答。

＊日米両関係者とも、正確な意思疎通がとれていたのか疑問。

　両当事者の発言内容は、それぞれ別の観点からの発言である。直接には噛み合っていないものの、少なくともどちらかがright of belligerencyの意味内容を確認し合っていれば、交渉の過程で解釈の食い違いが修正された可能性がある。前述した微妙な変化は学説上の対立に発展するが、お互いが別々の違った認識の下で交渉していたとすれば、憲法は国の礎であるだけに思い違いでは済まされない。さらに深刻なのは、この概念について、お互いが自分の議論している対象が何であるのか十分な理解のないまま、漫然と字句修正を繰り返していたとすれば、重要な意味をもつことになる規定が、日米両当事者の意思と関係なく、別々の理解で行われたことになる。そうなると、いかに日米両当事者が日英両方の翻訳が正しいことを公式に証明しても[234]、単に必要とされた手続を踏んだだけの代物となってしまう。次頁の表は、憲法草案作成過程におけるright of belligerencyに関する英訳と和訳の変遷を整理したものである。

84　第3部　交戦権（9条2項後段）

〈right of belligerencyに関する訳語の変遷〉

①マッカーサー・ノート（**1946年2月3日**）
当初英語版では、主語が、No Japanese Army, Navy or Air Force として、陸海空軍その他の戦力の保有を禁じた後に、

... and no rights of belligerency will ever be conferred upon any Japanese force. とあった。
　（試訳）交戦状態における諸権利は、日本軍に対して付与されない。
　主語が複数形であり、交戦主体（日本軍）が有すべき諸権利を剥奪すると読める。
　→ 交戦者が有する国際法上の諸権利を認めない趣旨で挿入されたものと見られる。
＊上の分類に従えば、規制の対象が日本軍であることから、"交戦者の権利総称説 jus in bello" になるはずである。しかし…

　　　　　　⬇ 〈GHQ憲法草案準備委員会による突貫作業（実質6日で完成）〉

②マッカーサー草案（**1946年2月10日**）
上記の案の最後が、any Japanese force から the State に変わった。

... and no rights of belligerency will ever be conferred upon **the State**.
　（外務省仮訳）「交戦状態ノ権利ハ決シテ國家ニ授與セラルルコト無カルベシ」
　→ 軍の交戦権から国に交戦者の権利を与えない趣旨に変更された。
＊交戦権保有の対象が、軍から国に変わったことにより、"交戦者の権利総称説" から "国の開戦規定説 jus ad bellum" に変更されたという解釈が可能になった。
　しかし、日米両当事者の理解の程度に疑問もある中で、そもそも交戦状態の諸権利が何であるか、また国が有する諸権利とすることも可能となっており、断言できない。

　　　　　　⬇ 〈日米両国間の条文翻訳作業〉

③**松本憲法担当国務大臣3月2日案**
「國ノ交戦権ハコレヲ認メス」と訳出。
＊ **right of belligerency** を外務省仮訳の「交戦状態ノ権利」から「國ノ交戦権」に変更。
＊日本語では、単複の区別がないから、この時点で、解釈変更の有無は判断できず。
＊松本国務大臣は、"国の開戦権説" と認識していた可能性。

④**当初の日本側作成の英訳文3月4-5日**
... and the *right* of belligerency of the state will not be recognized.
　→ The *right* of belligerency of the state will not be recognized.（独立した条文に修正）
→ この時点では既に rights（複数形）から right（単数形）に変更されている。
＊この変更について、元法制局長官の佐藤証人はケアレス・ミスと証言。

⑤**内閣草案要綱3月6日**
「國ノ交戦権ハ之ヲ認メザルコト」
（認められない → 之を認めない → これを認めない）と修正

⑥**内閣草案4月17日（現行憲法）**
「國の交戦権はこれを認めない」（正文）
The right of belligerency of the state will not be recognized.
＊憲法制定以降、交戦権の意味は "交戦権者の権利総称説" の意味で説明されるが、対象は "国" であり、用語の混同が見られる。

宮崎繁樹「交戦権について」『法律論叢』61巻4・5号（明治大学法律研究所、1989年）、39-69頁、佐々木高雄『戦争放棄条項の成立経緯』（成文堂、1997年）、292-293頁、及び『憲法制定の経過に関する小委員会26回議事録』（憲法調査会、1959年）、17頁に基づいて作成。

(3) 交戦権概念の変容とその評価

　交戦権は、GHQ草案が示したright of belligerencyの和訳となって9条2項に採用されているが、他方でこの用法は、国際法の文献には掲載されていない。(1) で示した学者及び実務経験者の見解にあるとおり、従来は、right of belligerentsが用いられていたとして、このような使用例の存在に疑問を呈する意見も散見される。belligerencyではなくbelligerent(s)を使った条約の例はあるので、以下に示す。

〈belligerentの用例がある条約例〉

1907年陸戦法規条約（1912年条約4号）同条約付属書陸戦法規慣例規則
＊交戦者（On Belligerents）：1款標題
＊交戦者の資格（The Qualification of Belligerents）：1章標題
＊交戦者又は交戦国（belligerents）：1条、14条、15条、21条、29条、32条
＊交戦当事者（belligerent parties）：3条、44条
＊交戦国（belligerent States）：14条
＊交戦者の役務（belligerent' service）：22条後段
22条前段：交戦者は害敵手段の選択につき、無制限の権利を有しない。
（The *right of belligerents* to adopt means of injuring is not unlimiting.）
1922年空戦に関する規則案（未発効）（ハーグ空戦規則案）
＊交戦者（BELLIGERENTS）：3章標題
＊交戦者の権利（belligerent right）：13条及び53条（イ）
13条：交戦権は、軍用航空機に限りこれを行使することができる。
（Military aircraft are alone entitled to exercise *belligerent rights*.）
53条：交戦権の適法な行使に抵抗するとき、中立国の民間航空機を捕獲できる。
（A neutral private aircraft are liable to capture if it resist the legitimate exercise of *belligerent rights*.）
＊交戦国軍用航空機（belligerent military aircraft）：16条、34条、39条、42条、43条、49条、50条、58条、60条
＊交戦者又は交戦国（a belligerent）：16条、27条、36条、37条、6章標題、45条、46条、47条、53条（ト）（ス）
＊交戦国指揮官（a belligerent commanding officer）：17条、30条、56条、57条

＊交戦国航空搭乗員（belligerent air men）：26 条 4 号
＊交戦国管轄（belligerent jurisdiction）：27 条、35 条

―各条項の訳文は、交戦権、交戦国、交戦者とあるように、いずれの訳語を当てるかは、
文脈により一定していない。9 条 2 項がいずれの意味に該当するかは不明である。
　上記のほか、戦間期の英米間の交戦権を扱う文献には belligerent rights という表現が用
いられているが[235]、9 条 2 項にいう right of belligerency という用語は見当たらない。

　以上のように、この交戦権をめぐっては、その用語自体が国際法の用例とし
て確立しておらず、また、国際法の文献では、戦闘員資格、交戦団体や中立国
の権利義務の意味で用いられている。しかし、9 条 2 項の文言は“国の交戦権”
となっており、内閣法制局の有権解釈は、従来、国家が国際法上有する諸権利
の総称とされてきた。しかし、その実、憲法制定当時、憲法担当の国務大臣で
あった金森徳次郎の言葉を借りれば、「私はこの語を詳しく知りませんが、聴
いておりますところでは」と、まるで他人事のような前置きして、「戦争を行
うといふことに基いて生じる種々なる権利であると存じる」として一応、諸権
利の総称説を自信なげに答弁している[236]。当事者意識は感じられない。

　以下に、制憲議会における議論の経過を示すが、政府答弁を見ても、質疑者
の懸念に理解を示しつつも、とにかくそういう規定が設けられたのだから、そ
の事実を前提に対処するほかないという姿勢で答弁に臨んでいることが伝わっ
てくる。そこには、交戦権否認条項を、自らのイニシアティブによって確信を
もって定めるのだという気迫は伝わってこない。既に決まったものだから、後
付けの説明で正当化しようとする姿勢であり、そこには半ば諦めの境地すら感
じられるのである。

〈1946 年の制憲議会における政府解釈〉

吉田茂内閣総理大臣の答弁
6 月 24 日（衆議院本会議[237]） 　施政方針演説・民主的、平和的国家を創造させるため、交戦権放棄を謳ってある。 6 月 26 日（衆議院本会議[238]） 　一切の軍備と国の交戦権を認めない結果、自衛権の発動としての戦争も放棄した。 7 月 4 日（衆議院帝國憲法改正案委員会[239]） 　自衛権による交戦権の放棄というより、自衛権による戦争また侵略による交戦権との二分割が有害無益と言った。侵略戦争の絶無によって、自衛権による交戦権が自然消滅する。

金森徳次郎国務大臣の答弁

7月9日（衆議院帝國憲法改正案委員会 [240]）
　①（交戦権の否認が制裁戦争、自衛戦争を含むのか、また、国内法たる憲法で決意しても国際法上の権威を持ち得るかについて）、その原因が何かにかかわらず、陸海空軍の不保持と交戦権の否認を決めた。日本が捨て身になって、世界の平和的秩序を実現する方向に作る。
　②（交戦権の実効性と交戦団体への適用について）、交戦権規定は、日本の交戦団体にも適用される。

7月15日（衆議院帝國憲法改正案委員会 [241]）
　（第三国にも日本国内で交戦権を行使させないようにすべきとしたことについて）
　国際法と国際信義に反する。日本が交戦権を放棄すると宣言しているだけだ。

9月13日（貴族院帝國憲法改正案特別委員会 [242]）
　（1項で戦争放棄しているのだから交戦権規定は意味がないという指摘に対して）
　戦争を行うということに基づいて生ずる種々なる権利である。この規定がないと、相当程度事実上の戦争状態を現出させる。1項は手段としての戦争放棄、2項は法的意味で防御戦争も否定する。
　（戦力を用いない交戦権があるのかについて）、緊急の場合、間に合わせの武器で事を始めることがあり得るが、国際法上の交戦権を得つつ対処するのか、それも持ちえないとするのかで、国内法で持ちえないとした。

幣原喜重郎国務大臣の答弁

9月13日（貴族院帝國憲法改正案特別委員会 [243]）
　兵隊のない、武力のない、交戦権のないということは、別に意とするに足りない。
　それが一番、日本の権利、自由を守るのに良い方法である。

安倍能成貴族院憲法改正委員会委員長の報告

10月5日（貴族院本会議 [244]）
　「自衛権は戦力撤廃、交戦権否認の結果として自ら発動が困難になり、外国と攻守同盟条約を締結することも結局不可能となる。戦争の放棄、戦力の撤廃、交戦権の否認を憲法に入れたことは、是は全く捨身の態度であって、身を捨ててこそ浮ぶ瀬もあれという異常な決心に基く」と政府の意見を報告。

（4）学説等の一般的な傾向

　憲法9条2項が定める"交戦権（right of belligerency）"の用例は、辞典等を見る限り、国際法上、通用する考え方ではなさそうだ。他方、憲法学者も、jus ad bellum（国の開戦権説）と jus in bello（交戦権者の権利総称説）といった国際法上の考え方をベースに整理はするが、肝心の交戦権と jus ad bellum と jus in bello の関係をどうやって直接に結び付けているのか隔靴掻痒の感じ

88　第3部　交戦権（9条2項後段）

がする。つまり、既に9条2項に"交戦権"の文言が存在するから、その文言を前提にしてそれぞれが自ら望ましいと考える方向に近い解釈を試みている感じだ[245]。国際法由来の概念としているが、肝心の国際法にはそのような用法は見当たらない[246]。得体の知れない概念を、あたかも下賜されたごとく祀り上げてしまったようだ。しかし、9条2項の文言の成り立ちそのものに疑問が呈されているときに、その前提に崩れた場合、その解釈はどうなるのか疑問なしとしない。

〈国際法文献と憲法文献の一般的傾向〉

国際法文献の一般的傾向

＊内戦時の交戦者資格、交戦法規、武力紛争法、中立国の義務等の解説はあるが、それと9条2項にいう交戦権を結びつける説明はない。

＊jus ad bellum は国の開戦権説と訳され、jus in bello は交戦権者の権利総称説の内容と同様の概念とされているが、現在、それらの定義を belligerency と関連させて解説する例は見い出せない。

憲法文献の一般的傾向[247]

＊交戦権に焦点を当てた文献は少なく、国際法の用法を起源として2つの学説を紹介するに留まる例が多い。
　—交戦権の問題を9条1項の戦争の放棄と連動させて理解する説は、9条1項で武力行使を放棄した以上、その際に生じる交戦権を認めることは不要とする。
　—逆に、連動させ理解する説の中には、重ねて規定することに意義を見出すものもある。
　—交戦権の意義を肯定的に解する説は、占領当初の GHQ が目指した旧軍に対する非武装政策と親和性がある。
　—交戦権規定を認めない説は、文言を全否定することになり、制定過程から不当性を導き出す場合が多い。

　深刻なのは、交戦権なるものが憲法や国際法といった学問上の断絶だけではなく、確たる定義のないまま国際法由来とされる用語が国際法の用例として語られず、憲法上の用語として使われていたとしたら、どうだろうか[248]。まして、この「交戦権」という用語が、国際法や憲法の素養を欠いたGHQの担当者が6日間という限られた時間の中で、十分な検討を経ずに急ごしらえで作られた経緯を踏まえれば、意味の分からぬまま漫然と挿入した可能性も捨てきれない。そうであれば、解釈の前提が根底から崩れることになる。

　改めて、交戦権に関する学説を次頁に整理してみたが、GHQがどのような意図で交戦権条項を導入しようとしていたのか具体的が浮かび上がってこない。

〈従来の交戦権の解釈〉

	(1) 国の開戦権説 jus ad bellum 国家・元首等が対象 （別訳）開戦規定／法的規制	**(2) 交戦者権の権利総称説 jus in bello** 国・軍事組織・軍人が対象（政府解釈） （別訳）戦争法／戦時国際法／武力紛争法／国際人道法
学説	＊belligerent は交戦者、交戦国、交戦団体等の意味で用いられた。 belligerent rights/ right(s) of belligerent などの用法はある。	
英文	**right of belligerency of the state** ‥‥ 国際法上の用例として確立していない。	
正文	「**国の交戦権**」という訳語が採用された。	
意味	国家が戦争を行う権利	国が交戦国として国際法上有する権利の総体 — 船舶の臨検・拿捕の権利、占領行政に関する権利（政府解釈・判例）
効果	戦力の不保持に加えて、国の交戦権を否認することによって、武力の行使を封じる効果を期待した。	
各説が採用する根拠等と主な批判	＊1863 年に他国に戦争をしかける地位とされた例がある。 ＊国家は独立国として、他の国家と交戦する権利を有し、国家の交戦権は、交戦に従事する者の行使する「交戦権者」とは別。 ＊国家が有するその戦争する権利を、世界平和のために率先して放棄。 ＊侵略や制裁、自衛のための戦争も放棄した。 ＊物的放棄（戦力）に加え、法上の権利も放棄。 　—1 項は手段としての戦争放棄、 　—2 項で国家の交戦権を否定。 〈**(1) 説に対する批判**〉 ＊9 条 1 項と重複する。 ＊1 項で侵略戦争のみ放棄したとすれば、2 項であらゆる戦争放棄となり、矛盾。 ＊国際慣習上認められている交戦国の権利を放棄するのはナンセンス。 ＊国の開戦権説は、結局 2 説に還元される。	＊交戦権否定によって、事実上の戦争を防止できる。 ＊臨検・拿捕や占領行政を禁じることができた。 ＊物的・法的両面から戦争を防ぐため。 　　　　　↑ 〈**(2) 説に対する批判**〉 ＊交戦者権（軍が戦闘する権利）を禁じたとすれば、自衛権を認めるとしても、戦闘以外の方法しか認められないことになる。 〈**事実上の例外**〉 ＊自衛行動権を認めることによって、交戦権と同様の効果（人の殺傷・物の破壊等）を認める。 （**(3) 折衷説**） ＊両方を含む説もあるが、元首の権利、または軍隊の権利とする説もある。 　　　　　↑ 〈**折衷説への批判**〉 両者を混同し、本質を理解していない。

交戦権の主体（私見）	「国の交戦権」という文言は、文理解釈を徹底すれば、交戦権の行使の対象として、部隊、個々の隊員、群民蜂起や外国軍（人）は交戦権を否定されていないと解釈する余地はある。しかし、国が行使を否認されている内容を考えると、交戦権行使の主体について、部隊や個々の隊員に対して国から離れた固有の権利として認める意味はないと考える。 　ただし、群民蜂起等の場合、それらの主体が有する交戦権の問題は、交戦団体の承認問題や中立の権利・義務につながる議論であるが、交戦者としての地位が認められるまでは、非戦闘員として不安定な状態に置かれることになるだろう。

（参考）宮崎繁樹「交戦権について」『法律論叢』61 巻 4・5 号（明治大学法学研究所、1983 年）、石本泰雄『国際法の構造転換』（有信堂弘文堂、1998 年）、前原光雄「交戦権の放棄」『国際法外交雑誌 51 巻 2 号』（国際法学会、1952 年）、大平善梧「憲法九条と日本の交戦権」防衛法学会編『防衛法研究』5 号（内外出版、1981 年）、長谷部恭男『憲法第 3 版』（新世社、2004 年）、松山健二「憲法第 9 条の交戦権否認規定と国際法上の交戦権」『レファレンス』11 月（国立国会図書館、2012 年）、国際法学会編『国際関係法辞典』（三省堂、1995 年）、232-234 頁を参照。

　上記のように、学説の対立構図を示したが、これでは、交戦権なるものが、具体的にどのようなものを意味するのか、イメージがわかない。国際法上、戦時にあって、どのようなものが認められ、どのようなものが禁止の対象になってきたのかという観点から以下のように整理してみた。

〈国が交戦国として国際法上有する権利の総体〉

	戦争の違法化	戦争違法化の例外	一般国際法上の自衛権
現状	＊国際連盟規約、不戦条約等を経て戦争の違法化が進み、国連憲章は「戦争」という文言を放逐。これにより、法的に戦争はなく、あるのは国際的武力紛争　↓　＊加盟国は、武力による威嚇又は武力の行使を…慎まなければならない（国連憲章 2 条 4 項）	＊国連憲章 42 条：集団安全保障措置 51 条：個別・集団的自衛権 53 条：地域的取決・地域的機関 ＊国連安保理決議による武力行使容認決議	＊仮に、国連憲章により、戦争の違法化が進んだとしても、国際的な武力紛争は根絶されておらず、また、将来も生起する可能性が濃厚。 →紛争当事者や非戦闘員を守るため、国連憲章以外のルールも存在。 一般国際法上の自衛権及びそれに付随してきた権利は併存し有効。

国　際　社　会
ジュネーヴ諸条約を始めとした各種条約により個別に規制

1　そもそも交戦権とは何か　91

| 日本の対応 | ＊戦争違法化により、戦争に付随していた交戦権はなくなった。
＊少なくとも、憲法で戦力と交戦権を否認したことにより、日本は、それまで有していた国際法上の交戦権の多くも、行使の余地がなくなった？
＊交戦権とは別ものとして、自衛権に基づく自衛行動権という概念を編み出し、事実上、交戦権の内容を国内法に受容。
　　例）船舶検査法、邦人保護規定等を立法化。
＊マイナー自衛権（武力攻撃に至らない武力の行使）は否定せず。 |

復　仇
臨検・拿捕
海上封鎖
占領行政に関する権利
在外邦人保護
公海上の自国船舶の保護
対国際テロ自衛
人道的介入

※酒井啓亘ほか『国際法』（有斐閣・2011 年）、村瀬信也『自衛権の現代的展開』（東信堂、2007 年）を参考。

〈過去の具体的な交戦権のイメージ〉

交戦権の区分		項　目
	武力行使を伴わない交戦権	①条約の如何にかかわらず、通商を禁止すること ②敵国の居留民（軍事上の秘密保持）及び外交使節の行動制限（当時の国際慣行） ③自国内の敵国民財産の管理 ④敵国との条約の破棄又はその履行停止、特定の条約の廃棄
武力行使を伴う交戦権	ハーグ陸戦規則（1907 年改定）	⑤敵国兵力に対する攻撃・殺傷、敵国軍隊の破壊（27 条等） ⑥防守地域及び軍事目標に対する攻撃・破壊（同上） ⑦敵国領土への侵入及びその占領（42 条 -56 条） 　占領地と自国における敵国財産の徴発、差押及び特定の状況下での没収 　占領地におけるスパイ行為及び戦時反逆に関与した個人の処罰による抑止 ⑧敵国との海底電線の遮断（54 条）
	パリ宣言[249]（1856 年）ロンドン宣言（1909 年）[250]	⑨海上の船舶及び敵貨の拿捕没収、海上における敵国・中立国の財産の収用 ⑩敵地の封鎖及び中立国の敵国に対する海上通商の遮断・処罰（積荷の没収） 　臨検・捜索、収用する相当な理由がある場合の公海における商船の拿捕 ⑪海上における中立国の敵に対する人的物的援助の遮断・処罰

※田岡良一、高野雄一、深瀬忠一、Quincy Wright[251] 等の著書を元に作成。

　下線部は Wright の分類。

92　第3部　交戦権（9条2項後段）

実際に交戦権とされていたもののうち、現在においても有効とされるものがあるのか、あるとすれば、どのような状況下でどの程度かなどについて、政府解釈は「各紛争当事国は、個別の事例ごとにおける国際法上の根拠に基づき、その認める範囲内で、従来であれば「交戦権」の行使として認められていた措置をとることが可能」としつつも、具体例については「具体的な状況に応じて異なるため、一概に述べることは困難[252]」という立場だ。

これでは、何が否認の対象となっているのか特定できないことから、具体的な指標とはなり得ない。そうであれば、解釈の基準はジュネーヴ条約等の国際法に戻り、それに従っていれば事足りるということで、結局は交戦権否認条項の独自の存在意義は見い出せなくなる。

(5) 本書の立場

以上が9条2項に定める交戦権否認条項の制定過程と主な学説の概要である。憲法学からのアプローチとしては、9条2項を9条1項に結び付けることによって、交戦権を意味のある規定にしようとする多数説に対し、政府は、交戦権を9条1項とは切り離しその適用範囲を狭める努力を繰り返してきたというのが実情だろう。

筆者は、9条2項に言う交戦権は前述の"国の開戦権説"や"交戦権者の権利総称説"ではなく、アメリカ軍の軍法に起源をもつ[253]と考える。こうした考えに至った理由を理解してもらうためには、まず、アメリカ軍の軍法とはいかなるものか、次に、いわゆる戦犯を裁くために設置されてきたアメリカ軍の軍事法廷がいかなるものであったかを取り上げ、さらに、憲法草案作成に先んじて進められていた山下裁判を例に、アメリカ軍の軍人であったマッカーサー元帥の足跡をたどることで、その根拠を説明したい。

まず、アメリカ軍の軍法の例を下記に示すが、belligerentという用法は少なくとも南北戦争前後から見て取れる。

〈アメリカ軍法の用法例〉

南北戦争前後（19 世紀中葉－後半）

legitimate belligerent（合法的交戦者），belligerent armies（交戦軍）［リンカーン法典 86 条及び 87 条[254]］，insurgents treated as a belligerents（交戦者として処遇される反乱軍）[255]，belligerents by the law of nation（国際法による交戦者），belligerent enemies（敵交戦者）[256]，belligerent occupant [occupier], occupting belligerent（交戦者／国）による占領），belligenrent power（（交戦者／国）の権限），belligerent in time of war（戦時の交戦者／国）[257]

第二次大戦前後（20 世紀中葉－後半）

enemy belligerents（敵交戦者），rights of lawful belligerent（合法的交戦者の権利）commander-in-chief of the belligent vessels（交戦国船舶の最高司令官）belligerent armies（交戦軍），status of belligerency（交戦者／国）としての地位）[258]，belligerent nation（交戦国）[259]

現　在

＊9.11 同時テロの容疑者を enemy combatant（敵性戦闘員）というカテゴリーを創設し、適正な処遇を怠ったとして批判を浴びたため、enemy belligerent[260]（敵交戦者）、alien unprivileged enemy belligerent[261]（特権を有しない外国人交戦者）といったカテゴリーや belligerent force[262]（交戦軍）などの用法の創設を検討した経緯がある。

①アメリカの軍法及び軍事法廷（＝軍事委員会）

　マッカーサー・ノートが作成された 1946 年 2 月当時、アメリカ軍を律していた軍法は、①戦争法規（Laws of War[263]）と②軍律（Articles of War[264]）である。①の戦争法規は当時の国際法の一般原則を下敷きにしたものであり、不文の規範と原理とされ、戦時、敵対関係にある国家や個人が犯す行為を規制するとされていた。現在、武力紛争法（law of armed conflict）という言い方もなされている[265]。②の軍律は、法典として、主として自国の軍人を裁く軍法会議（court-martial）や戦時に設置される軍事委員会（military commission）の組織権限等を定めていた。軍事司法を扱う議会制定法であり、陸海軍に関する実体法及び手続法としての役割を担っていたが、1951 年に改訂され、現在は統一軍事司法法典（UCMJ：Uniform Code of Military Justice）が規範となっている。

　旧軍が犯したとされる多くの戦争犯罪はB・C級に分類され、上記①の戦争法規を根拠に置き、②の軍律に基づいて設置された軍事法廷（＝軍事委員会）

94　第3部　交戦権（9条2項後段）

で裁かれた[266]。軍事委員会は戦時に設置され戦争犯罪人（war-criminal）を処罰するが、その迅速性と厳罰性を優先するための簡易な手続、一般法廷と比べ緩い証拠規則が時に恣意的な運用となったこと等から、合憲性を問われてきた[267]。このような性格を有するアメリカ軍の軍法の中に、上記のようなbelligerent(s)の用例が散見される。その伝統が、マッカーサー元帥が用いたとされるrights of belligerencyにつながったと考える。

②マニラの軍事委員会の設置及び審理手続

　第2次世界大戦後、敵国軍人が犯した戦争犯罪を裁くため、また、戦勝国による円滑な占領地行政の遂行のため、敗戦国となった日独両国を対象に多くの軍事法廷が設置された[268]。

　その一つが、1945年にマニラに設置された山下大将を裁いた軍事委員会である。設置根拠は1945年7月26日のポツダム宣言に遡る。すわわち、同宣言には「十」の前段に戦争犯罪人処罰条項があり、「我らの捕虜を虐待した者を含む一切の戦争犯罪人に対しては厳重な処罰が加へられるべき」と定められていた。9月24日、マッカーサー元帥が軍事委員会の設置を命じ[269]、マニラに軍事委員会が設置された。管轄権は、戦争法規・慣例違反である。

　検察側の主張の中で、belligrent(s)という文言があるフレーズを拾ってみる。「山下大将は、自分が正当な交戦者（lawful belligerents）で構成される陸軍を指揮していたという事実を認めている[270]」とか、「部隊は、正当な交戦者の権利（rights of lawful belligerents）[271]と一致させるため、部下に責任を負うべき者によって指揮されなければならない」というくだりがある。判決は、山下大将が「日本軍司令官として、……特にフィリピン市民に対する隷下の部隊の野蛮な残虐行為……を許可し、指揮官として部下の行動を統制する義務を不法に無視し実行を怠った」と断じた。結果、戦争法規違反[272]を認定され、10月29日の審理開始から1か月あまりの12月7日に絞首刑が宣告された。

　この宣告を受けた弁護側は12月7日に、連邦最高裁に対し山下大将の釈放を求める人身保護令状の交付請求をしたが[273]、翌1946年2月3日、連邦最高裁は人身保護令状の交付申請を却下した[274]。これにより、死刑執行を阻む条

件は解除され、2月4日、マッカーサー元帥は刑の軽減事由には当たらないと判断し、2月23日に山下大将の絞首刑が執行された。

③マッカーサー元帥の関与

　1946年2月3日のマッカーサー・ノートは、マッカーサー元帥自身の発案とされる。アメリカ陸軍司令官であり、旧軍との凄惨な戦闘経験がある。とりわけフィリピンは、彼が旧軍の攻撃によって退却を余儀なくされ、"I shall return." と言わしめた思い入れの強い地である。まさにその地において、自らの命令により設立した軍事委員会において山下大将を裁く審理が進行中であった。

　争点の一つは、敵交戦者（enemy belligerent）であった山下大将が、正当な交戦者（lawful belligerent）と認められるのかどうかであった。つまり、敵交戦者は戦争法規に準拠した戦闘の過程で人を殺傷しても罪に問われることはないが、彼の行為が戦争法規に違反した人の殺傷と判断されれば、戦争犯罪人として処罰されるという構図であった。

　マッカーサー・ノートの作成日は、1946年2月3日である。この時期は、まさに山下大将の軍事委員会審理の最終盤の時期と重なる。すなわち、山下大将の弁護側が前年12月に連邦最高裁に人身保護令状の交付請求を出していたが、2月前後というのは、マッカーサー元帥が連邦最高裁の判断を待っていた時期に符合する。実際、2月3日は、連邦最高裁が人身保護令状の交付請求を却下した日である。マッカーサー元帥は、この連邦最高裁の判断を受け、死刑執行にゴー・サインを出すことになる。さらに、任地の東京では1946年1月19日、自身の名で公布した「極東国際軍事裁判所規程」及び同日発表した「極東国際軍事裁判所設立に関する連合国最高司令官特別宣言」によって、来るべき東京裁判を控え、戦争犯罪人と思しき被告人を選定している時期でもあった[275]。連合国内部でも、甚大な被害を受けた国々から戦犯の処罰を望む声が強まり、冷戦も加速化の様相を呈してきた。軍司令官として、占領行政や戦犯処罰という軍事司法に比重を置いた職務に当たっている。

　マニラの軍事委員会の動向や陸軍省からの命令、連邦最高裁の審理といった

96　第3部　交戦権（9条2項後段）

圧力にさらされていたマッカーサー元帥が、このような渦中にあって、正当な交戦権（right of lawful belligerent）を有する者の処遇について、自らの体験をもとに「rights of belligerency ... upon **any Japanese force**（日本軍に対する交戦者権）」を否認するという考えに至ったと見ることも、あながち無理な解釈ではないだろう。

④筆者の説

　1945年当時のアメリカの軍法は、戦争法規と軍律であり、それは国際法と重なり合う部分が多かったことに加え、前述の戦争犯罪人を裁くための軍事委員会審理も並行して進められていた事実がある。マッカーサー・ノートにあったrights of belligerencyという文言は、これらの実践の中から生み出されたものではなかったのか。GHQには法曹資格を有する将校が脇を固めていたとはいえ、限られた人的資源や時間的な制約の中では限界があったのだろう。このようにして生み出された用語が、法制局が和訳する過程で変容していったものと想像できる。そう考えれば、アメリカの軍法を通した国際法由来の概念ということで辻褄が合う。

　他方、憲法学者の多くは9条1項の戦争放棄と2項の交戦権否認条項を結びつけ、自衛戦争もできず、その手段たる交戦権を否認する一体のものと理解しようとしてきたが、ある意味、占領当初のGHQの思惑や制憲議会における政府側の説明ぶりと一致している。つまり、将来、復活するかもしれないわが国の軍事組織から、予め合法的な交戦者資格を剥奪することによって、将来の軍人が参加するかもしれない戦闘によって生じ得る殺傷行為を、最初から違法な戦争犯罪とみなす効果を狙ったものと言えるのではないか。

　国際法や憲法原理との関係を大上段に振りかざして論ずるよりも、単純に日本国憲法の草案が現役のアメリカ軍の将校によって書かれたという事実の方が説得力がある。アメリカ軍の将兵が被った旧軍による甚大な軍事的損傷など、凄惨な戦闘経験に基づく報復感情から、旧軍を徹底的に解体するとともに、解体後も残るであろう旧軍の将兵が有していた交戦者としての地位を、事前にもぎ取ってしまうことに主眼があった。つまり、将来、旧軍関係者が復活を遂げ

ることがあったとしても、合法的な交戦者であれば許される地位を予め奪っておくことを意図していたと見るのが自然だろう。今思えば過剰ではあったが、旧軍との間の凄惨な戦闘体験から、それぐらい強い思い入れがあったとすれば合点がいく。

　この点では、自衛隊を違憲の存在と見て縮小又は廃止しようとする考え方と、結果として同じ方向と言えなくもない。9条2項の堅持は自衛隊の弱体化もしくは廃止に馴染むからである。ただし、自衛権の存在を認める立場からは、交戦権否認条項があると、自衛隊の手足を縛られてしまい、必要な自衛権行使の妨げになる。しかし、アメリカ本国の意を受けたGHQの方針転換による再軍備要請によって、同盟国としての自衛権の強化が迫られてきたため、元々脆弱な基盤の上にあった9条2項の空洞化に拍車がかかったというのが実態ではないか。これが、交戦権条項が挿入された経過とその後の展開に関する筆者の説である。

　しかし、9条2項の交戦権否認条項がアメリカの軍法に由来するという説は、単なる謎解きの試みに過ぎない。この章の冒頭に述べたように、謎解きの答えが当たっていようがいまいが、本書の結論への影響は大きくない。現に、国際法を所管する外務省が、その作成に関与したであろう答弁書において、国際法上の交戦権の確立した定義は承知していないという立場をキープしつつ、内閣法制局の解釈である国際法上の諸権利の総称説との併存を許している。敢えて"寝た子を起こさなくても"実質はとれているということだろう。

　かくして否認されている交戦権の内容は、具体的な内容が判然としない現在の有権解釈と同様のものとなる。何らかの手立てを講じなければ、今後もこの状態が続くことになる。

(6) 9条と国際政治との関係再考

　この項を終えるに当たって、改めて憲法の条文と国際法の問題を考えたい。学説に言う憲法優位説と国際法優位説の、どちらをとるかという問題のことではない。国際法の用法と国内法（憲法）との間で同じ文言を使っていても、異

なった解釈をする場合をどう見るべきかについて取り上げる。

　両者が同じ意味で語られることが望ましいとしても、ひとたび国内法化（憲法のかたち）となれば、必ずしもわが国の憲法解釈を、国際法の解釈に完全に一致させる必要はないと言わざるを得ない。日本国憲法は、GHQの強い影響力があったとはいえ、帝國議会の審議を経て、昭和天皇の名において公布されたものである。当然ながら正文は日本語であって、その起源であるマッカーサー・ノートに英語で何と表記されていようと、日本語が最後の拠り所になる。その解釈も日本側のそれが優先すべきものであり、この結論自体は動かしようがない。ひとたび正規の手続きによって国家意思が形成された場合は、その時点からは、当分の間その文言が支配することになる。だからこそ、事前の議論や手続きが重要となり、国家意思の形成過程においては、決定に至るまでできる限り周知を集めるべきである。例えば、国際法と同じ文言を使うのであれば、国際社会の動向を意識して、国内外から誤解のないように少なくとも同じ意味を共有できるように努めなければならない。

　しかし、その文言が時代の変化に対応できなくなったとき、もしくは、重大な欠陥が見つかった場合、硬直した姿勢をとることはむしろ弊害をもたらす。現にある条文とその時代の状況をよく見極め、虚心坦懐に判断していくことが重要である。

　ただし、忘れてはならないのは、検討の結果、問題があれば、国民が自らの問題として解決に向けて取り組んでいこうという姿勢である。我々に突き付けられているのは、交戦権否認条項という疑わしい経緯のある、しかもあやふやな文言をどう受け止めるかである。70年を超え定着するに至った事実が先行していても、国民がこれまで縷々述べてきた問題を承知の上で放置していたことを意味するものでもない。たとえ、解釈が定まった条項であっても、議論する扉は開かれていると見るべきであろう。憲法制定権力の源泉である立憲時の国民の熱い思いは大事だが、他方でそれぞれの時代に生きる国民の意思もまた尊重されなければならない。

　その意味では、極端な話「国の交戦権を認めない」という条文が誰の発案であろうと、また制定の経緯がどうであれ、大事なのは今を生きる我々が、この

交戦権否認条項をどう考えるかである。真実の解明は学者の仕事である。制定の経緯がどうであったかを追求することは重要であるが、そこに留まっていては議論は進まない。現にその条項が存する以上、問題のある条項を残さざるを得なくなってしまった事情やそういう事態に追い込まれるに至ってしまった背景も含めて一旦呑み込むしかない。9条が敗戦の副産物だとすれば、好むと好まざるとに関わらず、敗戦とは時にそういう効果をもたらすという厳しい現実を胸に刻むべきであり、その上で問題があれば粛々と正していくというのが王道であろう。

　もちろん、この"正す"の中には、国際社会の大多数の理解と乖離している意味をできるだけ常識的な解釈に近づけていくという主体的な試みが含まれる。制憲時、政府は交戦権の意味を十分に理解していなかった可能性があり、その後の影響を見抜けなかったのかもしれない。あるいは、理解していたとしても、GHQによる占領統治下という厳しい制約があり、必要な行動がとれなかったのかもしれない。ともあれ、一度受け入れたものを直すことができるのは現代を生きる我々以降の世代でしかない。そのためには、このような憲法の条文の下で、わが国の立法活動が、どのような制約を受けてきたのか、その事実を知ることが第一歩となる。次項以降、その具体例を挙げて検討する。

2 交戦権の意味・内容に関する政府の対応

(1) 政府の交戦権解釈から生じる問題

　交戦権否認条項の制定過程に対する問題点の指摘はこれくらいにして、次にそもそもこの"国の交戦権"と訳された"right of belligerency of the state"なるものについて、政府はそれをどのような権利と理解し、運用しているのかを取り上げる。というのも、結局のところ司法判断が下るまでは、法は政府の有権解釈によって運用されるからである。本書では"現にそこにある欠陥"を検討することがより優先度が高いと考え、政府の有権解釈の現状及びそれがこれまでの立法過程に及ぼしている影響について検討する。

　9条2項で否認されている交戦権について、現在、政府がどう考えているのか [276]。「戦いを交える権利」という単純な意味ではなく、「交戦国が国際法上有する種々の権利の総称 [277]」としていることは既に紹介した。高野は「国家は交戦国となった場合、平時ならば到底許されず、且つ厳しく禁止される諸々の行為を、戦時国際法上の権利として認められる。相手国は同等の権利をもって事実的にこれに対抗しうるが、この権利の行使の結果は、合法的なものとして認容しなくてはならない [278]」という。

　そのロジックは、国内法と異なるところがない。要するに、戦闘において不可避的に発生する人の殺傷や物の破壊行為に対する違法性の阻却である。すなわち、ひとたび自衛隊に防衛出動（自衛隊法76条）が下令されれば、自衛隊は、わが国を防衛するため、必要な武力を行使できる（同法88条1項）。そうなれば、平時においては重大犯罪である「人の殺傷」が、正当業務行為（刑法35条）となるが、その場合の態様は、「国際の法規・慣例を遵守し、かつ、事態に応じ合理的に必要と判断される限度を超えてはならない」（自衛隊法88

条2項）だけである。自衛官は、国際法規・慣習に従う部隊行動基準に基づいて行動すれば、人の殺傷はもちろん、爆破や放火、建造物の損壊に至るまで「事態に応じ合理的に必要と判断」されれば、むしろ任務としてその遂行が期待されるが、交戦権はこれとパラレルの関係に立つように思える。

　ところで、戦争が一般的に違法化された[279]現在においても、国連による集団安全保障体制の下、国連加盟国は、個別または集団的自衛権の保持と行使が認められている[280]。武力行使の際に認められる交戦権は武力紛争当事国（団体）が享受できるとされるが、この交戦権を明文で否定しているのが9条2項である。内閣法制局は、その具体的な内容について「相手国兵力の殺傷及び破壊、相手国の領土の占領、そこにおける占領行政、中立国船舶の臨検、敵性船舶のだ捕等[281]」としている。

　自衛隊による武力の行使が認められるためには、武力行使の新3要件を満たすことが必要となるが、逆に言えば、この新3要件が満たされれば、自衛隊は防衛出動の上、武力の行使が可能となる。自衛隊は、その際、前述のように、国際法規・慣例を遵守し、かつ事態に応じ合理的に必要な範囲で武力の行使ができる（自衛隊法88条）。ここにいう国際法規・慣例はジュネーヴ諸条約やハーグ陸戦法規等が該当するとされており[282]、これらはまさに交戦権の内容が含まれている。内閣法制局が積み上げてきた交戦権の解釈において、まさに"相手国兵力の殺傷及び破壊"は交戦権の核心であると言えよう。しかし、既に自衛隊法88条によってこの殺傷及び破壊は許されている。

　戦争が違法化された現在、自衛と戦争は相互背反的で相容れないとして、適法な武力行使である自衛と違法な武力行使である戦争と区分けし、交戦権否認条項の存在によっても9条2項の交戦権は何の影響も受けないとする見解がある。自衛権に基づく武力行使の合法性は、自衛権そのものが違法性阻却事由に該当することから導かれ、交戦権による裏付けを必要としないというのである[283]。クリアカットに見えるが、実態に差はあるのか。

　政府はこれをどう両立させているのか。103頁の図を適宜参照しながら読み進めていただきたい。政府は、「我が国は自衛権の行使に当たっては、我が国を防衛するため必要最小限の実力を行使することが当然に認められているのであっ

102 第3部 交戦権（9条2項後段）

て、交戦権の行使として相手国兵力の殺傷及び破壊等を行うこととは別の観念のものである[284]。（中略）例えば、相手国の領土の占領、そこにおける占領行政などは、自衛のための必要最小限度を超える[285]」（図①）として、いわゆる海外派兵によってしか顕在化しない例を引き合いに、"交戦権"と"自衛権"に基づく行動との差を浮き出させようと苦心している。そう解釈しないと、交戦権を否認する9条2項の明文に反するような事態を招来しかねないからだろう。時に、自衛権に基づく措置に対して"自衛行動権"なる文言が用いられることがあるが、交戦権と自衛権の区分けを正当化するための概念操作と言えるだろう。

しかし、技巧に過ぎ、どれほど交戦権との区別の実益があるのか[286]。事実、1969年当時、内閣法制局は交戦権と自衛権の行使との関係を問われ、「交戦権は戦争を、現実、具体的に遂行するための手段」であるとして、「自衛権の行使に伴う自衛行動」と区別した上で、自衛行動権は「自衛権に見合う限度において」限界があることを強調している[287]。しかし、舌の根も乾かぬうちに、続けて「「自衛行動権」は、「自衛のための交戦権」、「限界のある交戦権」という意味で考えるなら「交戦権」と表しても構わないとし、「自衛権からくる制約のある交戦権」と考えても良い」と言い換えているが、既に論拠が破綻しているとみなすこともできよう。

1978年に至って、内閣法制局はわが国の自衛行動権も「国際法の上から見れば」と注釈を付けつつも、「普通の交戦国がやることと大体似たようなことを国内ではやる。ただ、非常に制限を受けておって、…これを交戦権という名前で呼ぶことは誤解を招く」として交戦権という言い方をしないと言い切っている[288]。しかし、これは交戦権の行使が9条2項によって明文で認められていないので、それを単に別の言葉で言い換えている事実を告白しているのも同然であろう。

繰り返すが、自衛権の行使には、"相手国兵力の殺傷又は破壊"等が伴う（103頁図②）から、国際的には交戦権の行使とみなされるだろう。しかし、自衛隊法88条は現行憲法の下で制定されており、この規定によって、交戦権の一部は既に可能となっている。政府はこれを"別の観念"と言い繕うことで交戦権と差別化して正当化している[289]が、"相手国兵力の殺傷及び破壊"は、

武力行使を伴う交戦権の核と言えるものであり、一方で交戦権でこれを否定しておいて、他方で自衛行動権でこれを認めるのはいかにも苦しい。国際標準に合わせていくべきだろう[290]。

〈交戦権と武力行使との関係〉

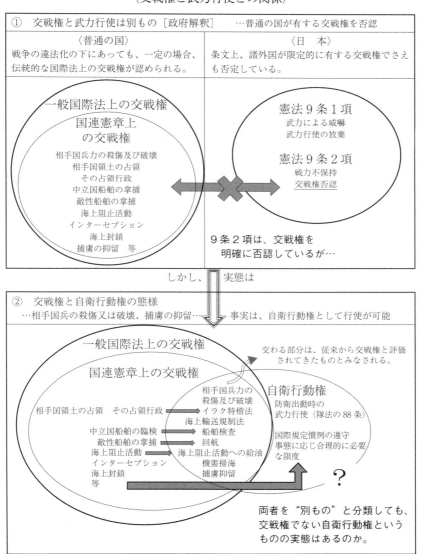

(2) 司法審査の可能性と国際的視点

　本書の目的の一つは、憲法9条2項が有する問題点を明らかにすることである。この交戦権否認条項に関しての司法判断としては、1973年の長沼ナイキ基地訴訟1審判決（水戸地裁）[291] と1977年の百里基地訴訟1審判決（札幌地裁）[292] があるが、いずれも政府解釈、つまり国際法上の諸権利の総称説を踏襲している。ということは、当面、学説を参照する必要性に乏しく、現在の政府解釈そのものを検討すれば足りると考える。政府が立法作業や憲法解釈を行う場合、現行の行政解釈に依拠するからである。よって、内閣法制局が示してきた政府解釈を前提とした交戦権のもたらす効果について話を進めていくこととする。

　伝統的に交戦権の内容とされている権利について個別の項目を検討すると、軍事目標の攻撃や機雷掃海、臨検、中立国船舶の拿捕、海上封鎖など、武力行使そのものと評価されるものもあれば[293]、外交使節の行動制限等の外交手段もある[294]。敵国領土の占領や占領行政は、自衛隊の海外派兵を前提にしなければ、発動の可能性は低いと言え、一律に禁止というのは適切ではない。

　何より、これらの関係は、相手国兵力の殺傷及び破壊の対象とされている敵国の目から見ればどう映るだろうか。端的に言えば、わが国がどのような法的根拠を挙げようが関係ないだろう。というのも、諸外国にとって自衛隊法88条の防衛出動に伴う武力行使（自衛行動権）であろうが、憲法9条2項で否認された国の交戦権行使であろうが、その呼称に関わらず、その際の態様として考慮されるのは国連憲章やジュネーヴ諸条約[295]、ハーグ陸戦法規等の国際法であることから、区別の実益はない。つまり、自衛（行動）権をベースにした相手国兵員の殺傷は、ジュネーヴ諸条約等に従うことが想定されるが、交戦権をベースにした兵員の殺傷もまたジュネーヴ諸条約等の規制を受けており、異なるところがないからである。

　この場合のジュネーヴ諸条約上の規制を受けるとは、交戦当事国としてそれら条約上の義務を負うことを意味する。条約上の義務を負うとはどういうことか。個々の条約に定められた規制に従うということであり、例えば捕虜の処遇

といった国際人道法上の義務の履行も含まれる[296]。わが国は、ジュネーヴ諸条約は既に批准しており、幸い国内法化しているが、もし、交戦権否認条項を字義通りに厳格に解釈すれば、9条2項で交戦権を否認している以上、交戦権の内容を含んだジュネーヴ条約を批准することは9条2項と抵触するという議論を持ち出すことができた。そうなると、仮に交戦権に該当する行為に至った場合でも、ジュネーヴ条約のない空白の状態の中では、交戦権の行使から生じる義務を負わないという矛盾が生じてしまう可能性もあった。憲法違反をすることによってしか、人道に関する国際約束を守れないという倒錯した状態にあったが、ジュネーヴ条約の批准によっても、交戦権否認条項が生息する領域は狭まったと言える。

106　第3部　交戦権（9条2項後段）

3　立法例による交戦権否認条項の空洞化

　日本国憲法の施行後、交戦権否認条項の存在は、自衛のための必要最小限の態勢をいかに整えていくかという現実的な課題の中で、立法過程にどう影響し、わが国の防衛法制上、どのような法的効果をもたらし、変容してきたのかを取り上げる。

(1) 機雷掃海

　朝鮮戦争中の1950年、GHQが海上保安庁に対し、機雷掃海を実施するよう掃海隊を編成させ、その派遣を命じている[297]。サンフランシスコ講和条約19条[298]など一定の法的根拠があるようだが[299]、9条2項を含む新憲法は既に施行されており、“朝鮮半島水域”という外国の領海内で実施されたこの機雷掃海はまさに交戦権の行使そのものと言ってよい。

　そもそも旧宗主国として、わが国が朝鮮戦争にどうかかわるべきかの問題もあり、また、当時の“朝鮮国連軍”が、国連憲章が想定していた国連軍かどうかについては議論が分かれるとしても、概して言えば、わが国による国連による集団安全保障への参加であろう。既に施行されていた憲法9条に抵触する行為であり、この掃海隊の派遣は憲法施行からわずか3年あまりで、GHQが占領当初わが国に課した制約を自ら破るように仕向けたという構図になる。この事実は、9条2項導入の主眼が旧軍の完全な武装解除による円滑な占領行政の遂行にあったこと、さらに占領末期に至り、東西冷戦の激化によりアメリカの方針が封じ込め政策へと転じると、対日政策も武装解除から再軍備へと180度変わったことから導かれよう。この転換は、わが国に対する武装解除政策がもっぱら人道主義に根差していたというより、アメリカ本国の政策変更によっ

て、容易に左右される程度のものだったと言えるだろう。

　いずれにせよ、一面では当時の機雷掃海は国際平和を回復するための集団安全保障の一環と位置づけることも可能だろう。この時点でわが国は国連に加盟していないが、憲法制定当時、わが国が理想として崇めていた国連の下での活動への参加である。わが国は1956年に至り、念願の国連加盟を果たすけれども、9条2項の制約を維持したままでの加盟となる[300]。理想としていた国連の行う集団安全保障措置には加わらず、その恩恵だけは享受するという矛盾を抱えての船出であった。

　そして、この問題が再び顕在化したのが1980年から始まっていたイラン・イラク戦争末期の1987年に浮上したペルシャ湾における機雷掃海の是非についてである。当時の中曽根総理は掃海艇の派遣を企図したが、後藤田官房長官の反対で断念した。その後1991年の湾岸戦争に至り、わが国は多国籍軍及び周辺国支援のため総額130億ドルという巨額の資金を提供した。しかし、わが国の支援は各国から小切手外交と批判され、クウェートが湾岸戦争終結後に出した参加各国への感謝広告に日本の名前が上がらなかったことがトラウマになり、1992年のPKO協力法の制定につながったことは知られている[301]。

　問題としたいのは、機雷掃海のための掃海艇派遣の是非ではなく、9条の存在が掃海艇の派遣反対の理由に使われた[302]ことの是非である。本来は、国際社会の動向、法と正義の観点、エネルギー安全保障を含めた国益、派遣される自衛隊の装備や訓練の状況等を冷徹に判断した上で決定すべき問題である。仮に9条を前面に出して反対したとすれば、判断の意味合いが異なってくる。つまり、「諸問題を総合的に考慮した上で、国として出すべきでない」という判断はあり得る。ところが、9条があるから出せないという理由であれば、国際社会からは9条の存在を盾にした、やらないための口実と見られる可能性もある[303]。ただし、実際には中曽根総理が公海上の機雷掃海について、わが国の航行の安全のために法的には可能であると答弁した[304]ことから事なきを得たが、やるべきことをやらないとみられる事実の積み重ねが高じれば、国際社会から、肝心なときにわが国にとって必要な支援が十分に受けられないといったかたちで、そのツケを払わされるのではとの懸念が高まる。

108　第 3 部　交戦権（9 条 2 項後段）

　結局、1991 年になって掃海艇の派遣が実現するが、法的には戦闘終了後の遺棄機雷の除去と整理されたからである[305]。海上自衛隊が派遣されたが、本来わが国にとって重要な航路の安全確保に資するのであれば、国益に関わることであり、国際的な枠組みの中で機雷を掃海すること自体の是非を問うべきであったと考える。

　その後、1997 年日米ガイドラインについて、運用面における日米協力として「機雷の除去等」についての言及があった[306]が、既に自衛隊法 99 条（現行 84 条の 2）に規定があるものとして、正面からの立法化が見送られた。同じく、改訂された 2015 年のガイドラインでも「機雷戦（IV.C.2.b.iii）」、「機雷掃海において協力（IV.D.3）」、「機雷掃海等の安全な海上交通のための取組（V.A.3）」と題した箇所で言及されながら、立法化はなされていない[307]。あらゆる活動の前提をポジリスト方式で立法化することの是非を考える契機となる事実が先行している。

　なお、先の安保法制を審議した国会において、ホルムズ海峡を想定した機雷掃海[308]や南シナ海における機雷掃海の可能性[309]について質されたが、前者については、停戦後の遺棄機雷の除去が語られ、後者については、新 3 要件に該当するかどうか、個別具体的に即して判断するとして、その可能性を認めている。考えてみれば、海上自衛隊が 27 隻から構成される掃海艇を保有していること自体、必要性が認められており、法律の定める要件に合致していれば掃海活動を行うことが前提である[310]。掃海活動自体を制約する議論の建て方に違和感を覚える。

　いずれにせよ、海上自衛隊による機雷掃海活動を規定する自衛隊法 84 条の 2 には、活動の地理的範囲への言及はなく、実際に前述のような活動実績もある。武力攻撃事態または存立危機事態であれば、法的には他国の領海内ですら実行可能と解釈できるのである。他国の領海内における機雷掃海は一見、海外での武力行使という交戦権の一部を構成してきた活動として、①前述の参議院決議で禁止されている「海外出動」に該当するとともに、②9 条 2 項で否認される交戦権に抵触するように見える。しかし、自衛隊法 84 条の 2 を制定することによって、参議院の海外出動禁止決議を上書きし、9 条 2 項の交戦権否

認条項を骨抜きにしたという評価はあり得よう。

(2) 占領行政

①イラク特措法

　2003 年、政府は国連安保理決議 678 号、687 号並びに 1441 号等に基づき、イラク特措法を成立させた。戦争の大義とされた大量破壊兵器やアルカイダとのつながり示す明確な証拠がないまま武力行使に踏み切ったことで、参加した国には、後程、その判断の是非が厳しく問われることになった。わが国はそのような攻撃の、いわば後始末の隊列に連なったという意味で一定の批判を甘受することになるが、その主目的は戦闘で荒廃したイラクを速やかに再建するためであった。国際社会と協力して人道復興支援活動や安全確保支援活動のため、自衛隊をイラクに派遣したものである。その背景には、石油の安定供給という国益や対米協力という日米同盟の実効性を確保する狙いもあったのだろう[311]。当時、米英等の有志連合との戦闘で荒廃したイラクの速やかな復興を目指し、暫定統治機構の下で国際社会が協力して様々な支援活動を実施した。わが国として、戦後復興のフェーズに入った以降の暫定的な統治形態は占領行政とは別ものと整理していたが、暫定統治機構が占領行政の実施主体だとみなしてしまえば、イラクに派遣されていた自衛隊の活動は、占領行政の一翼を担う軍事組織の一部門とする法的構成をとることも可能となってしまう[312]。事実、第三国間の戦争ないし交戦状態において、後方支援であってもそれらの戦闘に加担することは、交戦権の行使に当たるとした説もある[313]。例えば、米英両国を"占領国"と認めたうえで、「占領国でない他の諸国が当局（統合占領司令部）の下で現在活動し、又は将来活動しうることに留意」するとしている安保理決議 1483 号の前文から、自衛隊が米英占領当局の下で活動することは、「当該占領当局の下で」軍事占領統治の一翼を担うとする見解である。

　そうなると、国際社会の一員として、荒廃した国の復興支援のために必要な活動をすることでさえも、交戦権に該当するものとして違憲な活動にされてしまいかねない。これに対し、政府はどう答えているのか。要約すれば、紛争

110 第 3 部　交戦権（9 条 2 項後段）

当事国は、個別の事例ごとに国際法上の根拠に基づき、その範囲内で、従来、交戦権の行使として考えられていた措置を行うという位置付けだが、ORHA（アメリカ政府イラク復興人道支援室 = The Office for Reconstruction and Humanitarian Assistance）による民生回復、治安維持等は、交戦権の行使として行うものではないという。すなわち、ORHA の活動は、国連安保理決議に基づく武力行使が行われた結果として、イラクに生じた被害に対し、国際社会がとるべき人道的な措置に対する協力であるとみなしたのである。他方、わが国は、9 条 2 項によって伝統的な戦時国際法における交戦権を行使できない。つまり、わが国は交戦国でもなく、武力行使をしていないわが国が、ORHA を交戦権行使の主体でないと位置づけて協力したとしても、交戦権の行使にはならないという理屈である[314]。要するに、そもそもわが国は戦闘に参加していないから交戦主体ではない。さらに ORHA の活動は交戦権の行使ではない。よって、わが国は交戦権行使の当事者でもなく、交戦権の行使には当たらないということだろうか。循環論法に聞こえる。

　確かに、国連安保理決議 1483 号（2003 年 5 月 22 日）によると、当時のイラクには、戦後復興のため、①"統合司令下にある占領勢力（occupying powers under unified command ("the Authority"））"と、②"占領勢力でないその他の国々"があった。②の国々には、当局の下で活動中であるか、将来において活動しうる勢力（...not ocupying powers are working now or in the future may work under the Authority）があったとされている。占領勢力と、いわば下請け勢力とを慎重に書き分けているが、実際の戦闘に従事せず、かつ、占領当局の下で活動しているだけであると強調し、その活動が占領とは別ものであると主張してみたところで、外形上、占領当局の手先としての交戦権の行使と受け取られかねない。イラクでは主たる戦闘は終結していたとはいえ、散発的な砲撃や銃撃等が生じていたし、仮にわが国の憲法解釈で交戦権の行使ではないと説明できたとしても、対外的に占領行政の一環とみなされる可能性は否定できない。一般国際法上の交戦権は、必ずしも実際にドン・パチが伴うものばかりがその内容とされてきたわけではない。よって、単に戦闘に参加していない事実や占領統治の当事者ではないという事実を主張しても、その行動が、交戦権の

行使とみなされることもあり得る。自衛隊が戦力ではなく、戦闘行為をしない無害な実力組織であるという体裁を国内法によって整えることで、派遣を正当化するという手法は、単に事の本質から目をそらす以外のなにものでもない。

　そもそも9条2項を削除したからといって、国際平和の誠実な希求と戦争放棄を定める9条1項は生きており、自衛隊がここぞとばかりに他国に侵攻したり占領することはあり得まい。イラク特措法は廃止されたが、交戦権の否認を根拠にして実力部隊の手足を縛ることに熱心なあまり、人道上必要な活動の妨げになるとすれば本末転倒である。

②米軍行動関連措置法

　2004年に制定された米軍行動関連措置法[315]は、武力攻撃事態等において自衛隊が日米安保条約に従って、矛の役割を担って行動するアメリカ軍を支援するという法的枠組みであるが、この法律には地理的な制約が存在しない。一般論としては「存立危機事態における武力行使が基本的に公海及びその上空において行われることになる以上、そのための後方支援についても同様」となるだろう[316]。しかし、法文上は、自衛隊がアメリカ軍を支援する際に、他国の領土で支援することを禁じる規定はない。このことは、仮に、アメリカ軍がわが国を防衛するため、日米同盟における矛の役割を担う中で他国を占領した場合、わが国はアメリカ軍による占領行政を円滑にするための後方支援も可能となる。また、そうでなければ、わが国を守るために活動するアメリカ軍を支援する枠組が崩れてしまいかねない。しかし、前述のイラク特措法で言及した論理を徹底すれば、アメリカ軍への後方支援とはいえ、交戦権の一環として占領行政の一翼を担う活動とみなすことも可能となってしまう。ここでも交戦権否認条項及び参議院決議の有効性が問われている。

　違憲の疑いを非難しているのではない。自衛隊に課せられた任務をまっとうしようとすれば、その目的と矛盾する交戦権否認条項や参議院決議が、その任務の達成をより困難なものとして君臨している事実をどう捉えるかである。この条項は、本来、自衛隊の発足、あるいは少なくとも朝鮮戦争の休戦の時点をもって歴史的役割を終えて然るべきであったのではないか。

112　第3部　交戦権（9条2項後段）

　現在、国連憲章の下でも違法でない武力の行使が認められているが、それは①自衛権（個別又は集団）、②集団安全保障措置、③武力行使容認決議に基づく多国籍軍による軍事行動等である。また、一般国際法上は、マイナー自衛権、公海上の自国船舶の保護、在外自国民の保護、対テロ自衛等がある[317]。いずれも正面から取り組もうとすれば、高い確率で交戦権の行使が伴う活動である。しかし、GHQの作成した草案を漫然と受け取って戦争放棄を謳ったことでよしとし、それに伴う影響に関する具体的な検討を欠いたまま固定化させてきたことで、交戦権否認条項が存置されてきたとものと考える。

　このような構造的な欠陥を有する条項の下で、その条項に現実を適合させようとするさまは、あたかも子どもの頃に買い与えられた小さい靴に、無理やり成長した足を押し込んでいるようなものだ。無理な解釈を積み重ね、自衛隊に任務の完遂を求めるという矛盾に終止符を打つべきことを強調したい。

(3) 臨検・拿捕

　前述のように、わが国が臨検や拿捕を行うことは、内閣法制局の定義によれば、交戦権の典型として禁じられている。重要影響事態や国際共同対処事態に適用される船舶検査は、"臨検"や"海上阻止活動"を連想させ、武力攻撃事態や存立危機事態に発動される海上輸送規制法[318]に基づく停船検査や回航は、"臨検"や"拿捕"の言い換えと見紛うばかりだが、いずれも交戦権に該当しないという解釈の下で施行されている[319]。

　そもそも政府は臨検をどう考えているのか[320]。戦時臨検は、戦時国際法として、戦争が政策遂行の手段として合法だった時代のもので、現下の国連憲章の下では戦時臨検がそのまま適用される場合はなくなったとする[321]。しかし、政府は現在の国際法の下でも、戦時臨検は武力行使の一環として、その武力行使が国連憲章上認められる場合に限られるとして、一応その存在を認めているかに見える[322]。他方、国連憲章下で例外的に認められている武力行使の際に、そういった武力の行使の一環として戦時臨検と現象的に同じで似た行為が認められる余地があるとして、そのような際に行われる船舶検査は戦時臨検とは違

うとして極めて持って回った言い方をしている[323]。交戦権と言わないがため、首の皮一枚ということだろうが、何のための予防線なのか。

　わが国が行う船舶検査の対象は、いずれも軍艦及び外国公船であって非商業的目的にのみ使用されるもの以外の船舶とされている。実際は、交戦権という文言を使わないがために、交戦権と同様の効果を実現しようという意図の下に、実務担当者が交戦権の内容を多少狭めることによって、内閣法制局と折り合いをつけたものと想像する。自衛権の発動には至らない重要影響事態等船舶活動法の問題点については前述したので、以下に武力攻撃事態等海上輸送規制法と海上阻止活動について、交戦権との問題点を挙げる。

①武力攻撃事態等海上輸送規制法

　武力攻撃事態又は存立危機事態に際し、わが国に対して武力攻撃を行っている外国の軍隊等へ向けた武器、弾薬、兵員等の海上輸送を規制するための法律である。発動される事態は、武力攻撃事態又は存立危機事態である。武力攻撃事態とは、日本に武力攻撃が発生したときである。存立危機事態とは、日本と密接な関係にある他国に武力攻撃が発生し、日本の存立や国民の生命・自由等が根底から覆される明白な危険がある事態とされ、安保法制成立時に、集団的自衛権の一部容認と騒がれたものである。自衛権に基づくものであり、実施海域はわが国の領海及び公海に加え、外国の同意があればその領海も含まれる。対象船舶は、船舶検査法と同じで、軍艦及び又は外国公船であって非商業目的にのみ使用されるもの以外の船舶である。規制の対象は、大量破壊兵器、武器、弾薬等の外国軍用品及び外国軍隊等の軍人であり、その際に①停船検査と②回航措置が可能となる。いずれも法的には自衛行動権と位置付けるのであろうが、交戦権とダブって見える。

　①の停船検査は、外国軍用品等を輸送していることを疑うに足りる相当な理由があるとき、船舶を停止させて立入検査等ができるものである。②の回航措置は、積荷が外国軍用品であると認められる場合のうち、当該積荷の引渡しに応じないときや引渡しが困難なときに、その船舶に対し、わが国の港への回航命令ができる。自衛権の行使に伴う必要最小限の範囲内の措置とされている

114 第3部 交戦権（9条2項後段）

が、問題は、そもそも自衛権が発動されているような深刻な状況において、自衛隊の行動に対して過剰と思えるような制約を課す意味があるかである[324]。

この法律では、武器使用の態様について警察官職務執行法7条[325]の規定を準用する。事態に応じ合理的に必要とされる限度において武器を使用することが可能であるものの、あくまで警察活動という体裁を維持することにより、危害射撃を制限し、事態をエスカレーションさせないというメッセージを発信し、内外の批判をかわしたかったのだと思われる。なお、このような抑制的な対応であっても、自衛隊による危害射撃を、相手からの攻撃がない段階で行う可能性を指摘して交戦権違反とする主張がある[326]。武力攻撃事態という自衛権発動の場面において、警職法の準用という抑制的な対応で十分なのかとの疑問もある中で、あくまで、自衛隊の手足を縛ることのみに関心があり、均衡を欠く議論と言わざるを得ない。

交戦権行使として行われる臨検や拿捕との違いについて、政府は、①交戦権としての臨検は、中立国の領水を除くすべての海域で可能であるが、本法の停船検査は、日本の領海又は周辺の海域において、告示で定めた実施区域内に限定している、②交戦権行使の場合は敵国商船の即時拿捕が可能であるが、本法では停船検査の実施後、法の要件を満たす場合にのみ回航措置をとること、③交戦権による捕獲の場合、相手国の軍事基盤の喪失を目的とする物品まで対象とできるが、本法では、相手国の武力攻撃の遂行に直接資するものしか対象にできない、④交戦権に基づく拿捕の場合、拿捕した船舶は自国の権力下に置かれた回航により、その占有権は所有権の取得を伴うが、本法に基づく回航には占有権の取得を伴わない、⑤本法の外国軍用品審判所は、破棄の審決、輸送停止の審決、航行停止の審決を行うもので、正当な相手方の権利を守る観点から、いわゆる捕獲審判所よりも慎重な手続きが定められている旨[327]の答弁をしている。

そもそも、この法律は海上経済戦において、わが国が武力紛争当事国として第三国に対する措置をとるための法的枠組みである。つまり、国連憲章51条において武力攻撃を受けている国は自衛権の発動が認められており、憲法9条の下でも自衛のための必要最小限度の実力を行使できる場面である。このような場面にあって必要最小限度の範囲内の措置として実施するのであるから、

問題があるとは思えないが、それでも政府は9条2項に交戦権否認条項という明文規定があるために、伝統的な戦時国際法の下での交戦権の行使としての臨検、拿捕とは法的根拠を異にするという論法にすがっている[328]。

しかし、このような法的枠組みは国際的には海上捕獲の一形態とみなされ、同法は交戦権そのものと見られても仕方がない。9条2項を字義通りに厳格に解釈すれば、違憲であるとする批判はあるだろう[329]。政府は、要件を絞って、海上捕獲との差別化を図っているような説明しているが、国際法上の交戦権の一部を国内向けに狭めているに過ぎない。9条2項の交戦権否認条項に反しないように見せるために、このような仕組みを編み出したものだろう。

②海上阻止活動等

"海上阻止活動"（不朽の自由作戦OEF-MIO：Operation Enduring Freedom-Maritime Interdiction Operation）とは、旗国主義を排除して、公海上の外国船舶に対し、停船命令、あるいは船舶検査等の干渉を行うこととされる[330]。わが国自身が実施した実績はないものの、かつてテロ特措法とその後継となった補給支援特措法では、海上阻止活動を行う国への給油活動を正当化する法的枠組みが存在した[331]。

テロ特措法の下で、海上自衛隊は、海上阻止活動を実施している多国籍部隊（9か国）の艦艇に対して給油を実施したが、これは自衛権の行使ではなく国連安保理決議を受けた行動である。安保法制にある国際平和支援法の成立によって、従来のような個々の特別措置法の制定が不要となり、国連安保理決議等があれば可能となったが、これは活動の状況如何によっては、武力行使に発展し得る性格のものである。かつて、テロ特措法の期限切れを契機に補給支援特措法[332]が制定されたが、この法律に言うテロ対策海上阻止活動は、3条1号で「諸外国の軍隊等が行っているテロ攻撃による脅威の除去に努めることにより国際連合憲章の目的の達成に寄与する活動のうち、テロリスト、武器等の移動を国際的協調の下に阻止し及び抑止するためインド洋上を航行する船舶に対して検査、確認その他の必要な措置を執る活動をいう」とされていた。

つまり、テロ特措法の法的枠組みは、大量破壊兵器や武器等の輸送を阻むた

116　第3部　交戦権（9条2項後段）

め海上阻止活動中の米艦に対して、海上自衛隊が給油を行う活動を可能とするためであった。非戦闘地域で行われた給油それ自体は武力行使に発展する可能性は著しく低かったが、今後、自ら船舶検査や海上阻止活動を実行していく場合を想定すれば、エスカレーション・ラダーが上がることも考えられる。そうなれば、交戦権に該当する活動の可能性も想定しなければならないが、新たに現出する事象に法律が追い付いていない現実がある。9条2項に交戦権否認条項がある以上、新たな立法や法律改正をしようにも、それが足かせになっている事実を認識すべきであろう。

また、海上における大量破壊兵器の拡散を防止するためには、ほかに拡散に対する安全保障構想（PSI: Prolifaration Security Initiative）、海上阻止活動、北朝鮮への経済制裁のための船舶検査や貨物検査、インターセプション、海上封鎖など、多くの形態があるが、政府は交戦権行使への懸念もあってか立法化に慎重な姿勢のようである。確かに、安易な立法化による発動に対しては、エスカレーション・ラダーを上げてしまう効果も勘案しなければならないだろう。また、いたずらに危機を煽ったり、人道主義を口実に複雑な事情を抱える地域の問題に、むやみに首を突っ込むことは厳に慎まなければならない。ある種、国際社会に対する貢献という面はあるにせよ、これまで営々と築いてきた平和国家としての信用を維持していくためにも、政策選択の方向性としては抑制姿勢を貫くべきであろう。

しかし、慎重を期す必要はあるが、このような活動の可能性を頭から否定すべきではない。自衛隊法88条により、自衛行動権として交戦権の実質は認められていることから、抑制的に運用するにせよ、事態に応じた迅速かつ実効的な対処のあり方は検討しておくべきである。また、必要と思われる活動を立法化する際は、国内的にも通常の日本語の語感のまま理解でき、また対外的にも共通の理解が得られるような文言を用いなければ、自衛隊の行動に対して誤解を招くことになりかねない。その際、政府側に事実を軽く見せることによって、国内議論をできるだけ回避しようとする姿勢があるとすれば本末転倒である。想定される諸活動の立法化に当たっては、国益上の判断はもちろん、事態に応じた権限、予算、装備、訓練等について、十分な検討が必要なことは論を

待たない。

　以上、9 条 2 項があるにもかかわらず、各種の活動が可能となる仕組みが導入されてきた経緯をたどってきた。この原因は、憲法が現実の国際情勢や安全保障環境の激変、急速な進歩を遂げている軍事技術を反映しておらず、時代の動きに取り残されても、日米同盟の下、ある意味超然としていることが可能だったからではないのか。改めて現行法をみると、船舶検査法の場合は重要影響事態等に適用され、海上輸送規制法の場合は防衛出動が許される武力攻撃事態等に発動される。このような重要影響事態や武力攻撃事態において、区域を定めての通告だとか、本来得られる見込みの薄い船舶検査に対する船長の同意という要件を挿入した理由は、事態のエスカレーション・ラダーを上げないための必要な歯止めというより、事態の矮小化による対メディア・世論対策と思われる。このような抑制姿勢も、度が過ぎれば緊急事態の際に自衛隊が活動する際の過剰な足かせとなり、わが国の力を削ぐことになる。そもそも自衛隊が防衛出動時、自衛隊法 88 条で認められた諸活動ができるのであれば、誤解を招くような交戦権否認条項を残しておく意味はないだろう。国連憲章により戦争が違法化されている現在、ここまで形骸化した交戦権否認条項が実際に必要とされ適用される場面があるのか。

　このような考え方に対しては、自衛隊は防衛出動が下令されれば、自衛行動権行使の一環として、いわば"ミニ交戦権"が可能となるから改憲の実益はないとの反論があるかもしれない。しかし逆に言えば、もはや存在自体に疑問が呈せられている交戦権を、憲法という最も重い法の中に後生大事に抱えている意味がわからない。そもそも自衛行動権自体がまやかしの概念であり、それにすがりついてよしとする姿勢を続けるのか。国際協力が必要な場合や武力攻撃事態と認定できるような緊急時に、なぜ臨検や拿捕ができないのか。また、武力行使が認められる事態に至る過程で、自らが海上阻止活動を行う可能性まで閉じてしまう必要があるのか。交戦権否認条項の存在について、改めて白紙の状態で考えてみる必要があるだろう。

4 　自衛権の及ぶ地理的範囲の設定と敵国の対応

(1)　領海外の自衛隊の活動と交戦権否認条項

　前述の①機雷掃海、②占領行政、③臨検や拿捕等に共通して問題になるのは、自衛隊が自衛権に基づいて活動する地理的範囲の設定のあり方だろう。海外派兵との関係である。前述の自衛隊の海外出動を禁じる参議院決議が典型例であるが、要は、国家としての心構えの問題である。自衛隊の活動範囲の拡大に慎重な理由は、かつて旧軍が政府の不拡大方針に反して、自衛を名目に次々と戦線を拡張していった逸脱行動を教訓にしたことによる。しかし、実力組織の統制の肝は厳格なシビリアン・コントロールの徹底にあり、健全な政軍関係の確立にある[333]。成熟した政軍関係が確立していなければ、憲法で縛ったところで画餅に帰す。

　9条2項を残せば、どのような不利益が考えられるのか、地理的範囲の観点から検討する。武力攻撃事態に際し、武力行使の新3要件を満たし、防衛出動がなされ公海上で海戦が行う場合を想定する。海上自衛隊の護衛艦が、敵国艦船を追跡するとき、現状では、海外における武力行使に該当する可能性を懸念すれば、敵国の領海内に侵入できず手出しができないかもしれない（後述）。そうなれば、敵国はわが国の行動を見透かした上で、自らに有利なかたちで作戦行動をとることが可能となる一方、わが国だけが制約を受けることになる。敵国は、適宜、自国の領海内に退くことによって、わが国の追跡や反撃をかわすという選択肢を得られる。ただし、護衛艦の火砲等の射程も相当なものであり、昔のような艦隊戦の可能性は低くなっており、近代戦においては、敢えて敵国の領海に侵入しなくても、対処可能な場面もあるかもしれない。

　しかし、そもそも防衛出動が下令される武力攻撃事態が何かと言えば国家存

亡の危機であり、武力を行使してまでも敵を撃退する必要がある深刻な事態である。敵国が縦横無尽に攻撃をしかけることができるときに、逆に、わが国が交戦権否認条項についての解釈が分かれ、肝心の自衛隊の行動に支障を来せば、国の存立を危うくすることになる。防衛出動時には、自衛行動権の名の下に、交戦権とされている多くの活動が可能となるが、ならば、交戦権否認条項は何のためにあるのか。いたずらに議論を混乱させるだけでなく、現場の部隊指揮官に法律解釈の判断を委ねることになりかねない。わが国は9条1項で戦争を放棄し、武力による威嚇はもちろん武力の行使も放棄しているが、そのような国が防衛出動によって武力行使に踏み出すに至るような武力攻撃事態や存立危機事態のときというのは、それほど深刻で切迫した事態である。

　他方、わが国をそうした行動に至らせた敵国には、わが国のような憲法上の制約はない。もちろんわが国としては、国際社会に対してその国の侵略行為の違法性を訴えていくだろう。しかし、問題は、敵国が戦端を切るに至った以上、事前に準備した口実で正当化を図り、宣伝戦を展開することは容易に想像できる。さらに、わが国が、いわば制約された自衛権を行使しても、交戦権を否定された状態である一方、敵国が国際法や国際世論に鈍感な国家であれば、いわばフル・スペックの交戦権もしくはそれ以上の武力の行使の可能性がある。もちろん敵国が国際法に従えば、そもそも国連憲章で戦争が違法化されており、そこで認められた以上の武力行使は許されないが、敵国が国際法に従うとは限らない。後になって違法と指弾されても、既成事実化が進んでしまえば、回復はより困難となる。日米安保条約の下、矛と盾の役割分担の関係があり、侵略国への攻撃はアメリカ軍の矛の役割に期待することになるが、アメリカにとって自らの国益判断があるにせよ、自国の将兵の生命を危険にさらすことになるだけに、わが国としても全面的な依存はできず、主体的・自主的な取組が重要である。有事において、わが国の政治が憲法の解釈を巡って甲論乙駁の議論に終始し、アメリカ軍から自国を守る姿勢に対して疑念をもたれれば、矛の切っ先が鈍る可能性も出てくる。敵国は交戦権をフルに使い、こちらは交戦権を封印して対峙するという構図は滑稽ですらある。

　また、自衛権が発動される地理的範囲に関しては、安保法制の審議の際に、

120 第3部 交戦権（9条2項後段）

集団的自衛権を行使できる範囲についてホルムズ海峡の機雷封鎖に対する掃海活動についての議論があった。当時の野党民主党から、「遠くは抑制的、近くは現実的」という方針が示された[334]が、これは政策論としてリアリティーがあり説得力がある。実際にそのような運用にすべきと考えるが、敢えてその方針を立法化する必要はないだろう。今やアデン湾には海賊対処行動で海上自衛隊の艦船がいて、ジブチには海上自衛隊の基地がある。必要に応じて、活動の追加や転用の余地を残しておくことも一考であろう。

国民は、交戦権否認条項がこのような法的効果をもたらすことを理解しているのだろうか。冒頭示したように、この規定の原型であるマッカーサー・ノートの主眼は、わが国の完全な武装解除による円滑な占領行政の遂行にあった。これに対し、わが国は9条の存在を逆手にとって、旧軍の悪弊を断ち切ったり、当分の間、軽武装による経済復興の途を選択できたこと、また近隣諸国を安心させるという意味で積極的な評価もできるだろう。

しかし、問題はこの条項が手つかずのまま残されたことで、自衛隊の行動を円滑にするための法律を立法化する際、常に交戦権否認条項の制約を受ける効果を生じさせていることである。繰り返すが、交戦権否認条項が現実離れしているが故に、交戦権は自衛権とは別ものという位置づけの下、法律の立案者がある種の換骨奪胎の手法を駆使することによって必要とされる法律の立法化を実現せざるを得なかったことである。この倒錯した状態が今でも継続しており、その手法の是非が問われているのである。

(2) 交戦権否認条項に対する敵国の対応

上記のような交戦権否認条項の効果を考えるとき、敵国にとって以下の2つの選択肢が考えられるだろう。

①交戦権否認条項に信を置かない。→ **無視**：この規定の存在がないものとして対処する。
②交戦権否認条項を文字通り信じて行動する。→ **利用**：この規定を徹底的に利用する。

①交戦否認条項の無視

　交戦権否認条項にかかわらず、敵国が、わが国が交戦権を行使するか、少なくとも交戦権に類似した行動をとるものと疑って対処するという選択肢である。この選択肢はわが国の防衛にとって最も望ましいが、その意味するところは、交戦権否認条項の死文化である。なぜ、敵国がそのような行動をとる可能性があるかと言えば、戦時にあって紛争当事国が依拠するのは国内法（憲法）ではなく、条約などの国際法だからである。敵国としては、わが国が抑制的な国内法をもっていたとしても、それが自らに対してどのように解釈・適用されるか予測がつかない。そもそも、憲法や法律等の条文だけでなく、判例や学説、国家実行の積み重ねに対する正確な理解が必要となるが、自国の専門家の間でさえ大きな学説上の対立があり、解釈が固まっていないものを、他国が正確に理解することは容易ではない。いくら９条２項に交戦権否認条項があっても、いざとなれば自衛隊はこの条項に基礎を置かずに“自衛行動権を背にして反撃してくると疑えば、敵国はひるむことになる。

　つまり、敵国がわが国の法制度とその運用に信を置かないことが、わが国の安全にとって「プラスの効果」をもたらすという皮肉な結果となる。もし政府が意図的に、つまりそのような効果を承知の上で放置しているとすれば、究極の曖昧戦略（心理戦）というべきである。

②交戦権否認条項の利用

　交戦権否認条項がもたらす効果は、戦時において、何より敵国にとって好都合である。敵国はこの条項を徹底的に利用するだろう。海上における行動を例にとると、わが国として法的に可能な行動は停船検査や回航までが限界であって、臨検や拿捕等はできないものと分かれば、敵国は船長や旗国が同意しないという手段をとることによって、わが国の検査を拒絶したり回避できる。

　ちなみに、自衛権発動時の自衛隊の行動の地理的範囲について、政府は「武力行使の目的をもって武装した部隊を他国の領土、領海、領空へ派遣するいわゆる海外派兵は、一般に自衛のための必要最小限度を超えるものであって、憲法上許されない[335]」と解釈している。ただし、自衛権の場合の追跡権につい

122 第3部 交戦権（9条2項後段）

て、当時の外務省条約局長は、「（国際法上の自衛権は）発生しました侵略を排除するために、外国の領域にまで行動が及ばなければその侵略を排除できない場合には、その外国の領域に行動が及ぶことは許容される[336]」と常識的な説明をしているが、一転して「（憲法上は）自衛隊が外国の領域に行って行動することはない」と抑制的な姿勢を示している。この姿勢は、1954年当時の内閣法制局が示したラインを踏襲していると思われる。つまり、「交戦権を持つことになると、敵が攻めてきた場合、ずっと敵を追い詰めていって、そうして将来の禍根を絶つために、もう本国までも全部やっつけてしまうことが許される、しかし、わが国の場合は、そういうことは許されない[337]」というのである。結局、「敵基地攻撃の場合を除いて、自衛隊が敵の基地まで攻撃することはあり得ない[338]」というのが現在の姿勢である。

　この解釈を逆手にとれば、わが国が敵国領土内への派兵はもちろん、占領することも許されていないことが敵国に見透かされてしまう[339]。そうなれば、敵国は少なくともわが国から敵国領内に侵入しての反撃はないものと見切ることができ、日米安保条約で矛の役割を担うであろうアメリカ軍の行動のみに戦力を傾注すれば済む。敵国領土内への攻撃や占領をすべきと言っているのではない。むしろ、抑制的に対処すべきではあるが、自衛権を行使する場合にはことさら明示する必要はないという意味である。

　ちなみに、1956年2月29日の政府統一見解では、誘導弾等の基地をたたくことは法理上可能として、他国領域への武力行使を否定してはいない[340]が、実際にはそのような装備体系を保有していない[341]。わが国の法的制約は、単にアメリカ軍の行動に依拠することに留まらず、そこで生じた穴が、結局はわが国の防衛自体を弱める効果を生じさせていることに留意すべきである。

5　国際法及び国際社会の姿勢

(1)　交戦権否認条項に対する司法審査の行方

　他国がわが国に侵攻してきた場合、その国に向けられるであろうわが国の国民感情と司法審査の関係も考慮されるべきである。すなわち、敵国によるわが国への侵略と見られる行為が進行する中で、誰かが自衛隊の行動が交戦権に該当するとして裁判所に訴えたとする。憲法32条には「何人も、裁判所において裁判を受ける権利を奪われない」とあり、原告を日本人に限定していないが、自衛隊の行為の違憲性を理由とした場合、裁判所は敵国の侵略を前に自衛隊の行動を交戦権に該当するものとして違憲判決を下す可能性があるのか。

　仮に違憲判決を下せば、司法権の独立は確保できるだろう。しかし、そもそも現に進行中の安全保障上の問題を裁判所が扱うことの是非もさることながら、敵国がなした侵略に対して国内世論が沸騰している場合に、裁判所はそのような自衛隊の行動を"違憲"と認定し、争点となった行動を差し止めるような命令が出せるのか。裁判所は、冷静かつ公平な立場で、独立して憲法や法律を解釈すべき存在である。そのような役割を期待される裁判所に対して、加重な負担をかけないためには、裁判所が解釈に迷わず、また、国民が理解しやすい条文であることが重要である。

　現行の交戦権否認条項の下で、違憲判決に差し止めの効力を持たせ、敵国の侵略やその後の占領を許すような事態になれば、判決を下した司法権はもちろん国土が蹂躙される。日米同盟もあれば、国際社会の目があると安穏としていられるのか。絵空事ではない。

　ロシアのクリミア占領に対し、国際社会は厳しい姿勢で臨んだが[342]、ウクライナの実力がロシアに劣っていたため、ウクライナは自国領だったクリミア

124 第3部 交戦権（9条2項後段）

がロシア領に編入されることを許した。南シナ海における中国とフィリピンとの間の領土紛争についても、中国は国際仲裁裁判所の審決により完敗したにもかかわらず、中国政府の高官はその審決を「紙くず」と言い放ち、公然と軍事基地化を進めている[343]。どちらも国際的な評判を考えれば居心地が悪いに違いないが、居直ってしまえば、周辺国による実力の行使が困難な状態では打つ手がない。

　ロシアも中国も国連安保理常任理事国である。彼らの手には安保理決議案を葬り去ることができる拒否権（veto power）がある。ロシアのクリミア併合では、経済制裁を含め、G7声明等により批判され、国連では総会決議が採択されたが、肝心の安保理決議は当事国ロシアが拒否権を行使したため日の目を見なかった[344]。中国の場合は、国際仲裁裁判所の審決という明確な司法判断が示されたにもかかわらず、実際に戦闘がなかったことや経済援助を含めた関係国への事前の調整が功を奏したのか、国連において非難決議の上程すら実現しなかった[345]。

　それぞれ固有の歴史的な経緯はあったにせよ、国際法が無視されたまま占領が先行し、既成事実化している。司法判断や法律上の優位性は、主権の維持に結びつかない場合があるという事実は重く受け止めるべきである。

(2) 戦場のルール：ゲームズマン・シップ vs スポーツマン・シップ

　戦後、平和国家として歩んできたわが国にとっては、想定しがたい事実ではあるが、ハーグ陸戦法規24条やジュネーヴ条約第1追加議定書37条2項では、敵を欺くこと又は無謀に行動させることを意図した行為を意味する「奇計」が許されている。敵を誘惑に誘い込み、また敵に軽率な行動を行わせることを目的とする行為で、例えば、偽装、囮（おとり）、陽動作戦及び虚偽の情報の使用が認められており[346]、海上においても同様である[347]。

　人道主義が叫ばれながらも、戦場は好むと好まざるとにかかわらず、ゲームズマン・シップが幅を利かせる世界であり、スポーツマン・シップが支配する領域ではない。わが国を防衛するための戦闘行為は、国際法の許容する範囲内

で遂行されるべきものである。禁止される背信行為[348]は論外としても、いざ戦闘となれば自衛隊には国際法の許す範囲で対処してもらわなければならない。このような法は、さながら人間性を欠いた冷酷なルールに映るかもしれないが、時に国際人道法と呼ばれるように、たとえ紛争時ではあっても、人道上、最低限守らなければならない法として存在している[349]。そのような法的枠組みの中にあって、現実の戦場は自ら持てる能力を最大限に引き出しつつ、いかに周りを出し抜いたり裏をかくかを巡る争いでもある。

　ただでさえ、自衛隊の行動には様々な制約があるときに、自衛の範囲内で行動する自衛隊の手足を縛り、また敵国に手の内を晒すことは、自らの弱点に対する攻撃を誘導するに等しい。わが国の"正直さ"、"誠実さ"が、自らの首を絞めるだけの"お人好し"による"無謀な行為"になりかねない。

　わが国を一方的に不利な状況に追いやる交戦権否認条項は、現場にこれほどの負担を強いるわけだが、いったい何のため、誰のためであろうか。9条2項の存置を主張する国民が、どれほどこのような現実を知っているのか。軍事組織に対して厳格な統制を課していくことは当然であるが、それ以上に、仮に実力組織に対する強い不信感が戦前の旧軍が犯した科によるものだとすれば、そのツケを現在の自衛隊に負わせ続けるべきではない。いわれなき批判は、不条理で済む話ではなく、結局は、必要以上に自衛隊の行動を縛ることで、国民自らの安全の確保を危うくすることに気付くべきである。何より軍事組織の使命は、批判を甘受しながらも国と国民を守ることであり、そうでなければ国の存立を全うできない。自衛隊の法的位置づけを変え、少しでも権限を強化すると、"悪さ"をするという"決めつけ"、"思い込み"は、戦前に旧軍が犯した暴走から導かれたものであろう。しかし、戦後70年にもわたる民主主義の定着と自衛隊の活動実績に照らせば、もはや「羹（あつもの）に懲りてなますを吹く」のたとえではないが、以前の失敗に懲りて、度を越した抑制に走ると、必要な対応が疎かになることを危惧するものである。

　このように、"陸海空軍その他の戦力の不保持"にせよ、"国の交戦権の否認"にせよ、そこには矛盾する内容を含んでいる。よって、憲法9条2項を削除

126　第3部　交戦権（9条2項後段）

することは、上記のような面妖な議論に終止符を打つことが可能となり、それ自体に十分な合理性がある。ただし、自民党にくすぶる2項削除案は、2項の削除に加え、国防軍創設とその厳格な統制手段、交戦規程の整備や軍事法廷の設置を志向するものだ[350]。かつて際限のない軍拡や海外での軍事行動に歯止めをかけられなかった歴史に思いを致せば、その実現には厳格な民主的統制を徹底する仕組みづくりを並行して行うことが大前提であろう[351]。

おわりに

　9条の歴史をたどると、制定当初、自衛権の発動も交戦権も放棄する[352]とした吉田総理は、その前言を翻し、自衛権の保有を認めるに至った。また、保持しないと定められている戦力の意味は、近代戦争遂行能力という言い方から、自衛のため必要最小限度を超えるもの[353]と軌道修正（解釈変更）がなされた。しかし、その意味・内容自体の曖昧さが問われ続け、解釈の見直しが提起されている。交戦権否認条項にあっては、それが有する意味内容の不明瞭さが災いしてか、その解釈のあり方が顧みられることはなかった。むしろ、その存在を見直すこともなく、自衛権とは別ものであるとして、自衛隊法等や安保法制において、交戦権の一部を事実上認めるような手法で、交戦権否認条項の骨抜きを図ってきた。こうでもしなければ、交戦権が正面から否認されている以上、国は国連憲章51条の下で許される自衛権さえも有効に行使できないことになりかねないからであろう。

　いずれも、現実に合わせるために、法制当局がその都度苦しい政府解釈でしのいできた様子が目に浮かぶ。その手法は、交戦権の内容を少しだけ制約することで、交戦権行使という名を捨てて、制約された交戦権を自衛行動権と称して実をとったと理解すればいいのか。この事実は、一方では厳しさを増す安全保障情勢に応えるためとはいえ、制定当時の憲法の趣旨を歪めるものである。しかし、他方では時代を経て客観情勢が変われば、憲法もまた見直しの対象となり得るのは自然の流れである。制定当時の国民の思いを考慮に入れるのは当然であるが、後の時代の国民の意思（改憲意思）もまた尊重されるべきものとも言える。

　憲法改正を実現しても、その解釈が変わらないのであれば、改憲の必要はないという意見が散見される[354]。憲法解釈の積み上げと70年以上にわたって定着してきた事実を重視し、改正しなくても、現状の自衛隊の権限が変わらないのであれば、改憲に政治的エネルギーを使う必要がないという主張だ。また、改憲案が国民投票で否決されれば、元も子もないという主張もある。さらに、

9条2項の廃止は、安全保障政策の大転換を意味するだけに慎重な検討が必要といったたぐいの報道も散見される。これらは一見もっともらしい響きがある。

確かに、9条2項を廃止することに慎重な理由としては、第1部で指摘したように、戦前の悲惨な体験に基づく心理的なマインドセットのようなものがあり、そのような感情は今後とも大切にしなければならないだろう。

しかし、9条2項の廃止が安全保障政策の大転換になるのかについては、どうだろうか。既に第2部で紹介したように、自衛隊の存在を"軍"ではなく"戦力"未満と定義したところで、自衛隊は既に立派な軍事組織である。交戦権に至っては、第3部で長々と論じたように、仮に交戦権否認条項があっても、伝統的に交戦権とみなされていた行動の多くは、自衛行動権として認められてきている。9条2項は既に上書きされている実態があり、そもそも大転換する対象が存在しないのである。

このような実態があるときに、これまでの無理な解釈の積み重ねやその換骨奪胎的な手法に違和感はないのだろうか。法は、制定の瞬間からある種の解釈を運命付けられ、次なる改正に向け時を刻んでいくものだが、条文と解釈との乖離が大きくなれば、法に対する国民の理解や信頼感が遠のく。陸海空の各自衛隊が多額の予算を費やし最新の装備を具備しながら、陸海空軍その他の戦力に該当しないという解釈を今後も維持するのか。また、交戦権は保持しないという姿勢を貫きつつ、防衛出動時、人の殺傷が合法化され、また、海外における武力行使の余地があるなど、交戦権とされる内容の多くが骨抜きにされているという、フィクションを守り続けることに今後とも加担していくのか。その弥縫的、宥和的な姿勢そのものが問われてくる。

最後に、本書で扱った戦力の不保持と交戦権の否認について、結論めいた考えを述べる。

— 客観的に見て自衛隊が軍事組織であるならば、正面から「戦力」と認め、これをどう制御していくのか、統制手段としての軍事法廷の創設も視野に入れ、しっかりとした定めを置く。

―憲法論議を回避し交戦権に該当しないという説明を維持するために、要件を絞った国内法で無理な解釈を重ねるぐらいなら、元々あやふやな交戦権概念にすがりつく姿勢から脱却し、いかにして軍事組織の暴走を阻む仕組みを構築していくべきかを具体的に検討する。
―憲法の条文はできるだけ簡潔なものとしつつも、政策的には抑制的な姿勢を堅持し、実質的な安全保障のあり方については、安全保障基本法の制定など、法律で基本姿勢を示す。
―憲法の条文には通常の日本語の語感で通じる文言を使い、法律の条文と現実の姿を近づけるとともに、国際的に共有されている用語を用いて、可能な限り誤解の余地を減らす。

　２項削除論は、厳格な文民統制手段が不可欠であるとはいえ、短期間で国民の賛同を得ることは難しいかもしれない。憲法96条において、改憲には各議院の総議員の３分の２以上の賛成で国会が発議し、国民投票による過半数による承認が必要であることから、国民の納得を得るには一定の時間がかかるかもしれない。自衛隊の明記のみに集中し、一気呵成に進めたい心情は理解できるが、曖昧な２項がもたらす弊害についての正しい情報がなければ、安全保障に関する冷静な議論ができない。形骸化した戦力の不保持や交戦権の否認に関する規定が有する問題点に関し、その理解が進めば、２項の存置がどのような意味をもち、どのような効果をもたらすのか明らかになるだろう。そうすれば、"自衛隊の行使する権限"や"自衛権（行使）の要件や範囲"の内容も見えてくるのではないか。

　９条あるいは９条の後に追加される条項が"自衛隊"なのか"自衛権"なのかといった議論は、９条２項の問題に決着を付けつつ行うべきであり、その過程で９条全体のあるべき姿を見出していく。これが本来、進めるべき改憲議論の姿であろう。

参考文献

第 1 部　9 条の歴史的背景

1　9 条の生い立ち

1　1920 年条約 1 号「ケロッグ・ブリアン条約」「パリ条約」ともいう。

2　1929 年条約 1 号。

3　わが国は 1956 年、国際連合憲章及び国際司法裁判所規程（1956 年条約 26 号）を受け入れて国連に加盟する。

4　『マッカーサー・ノート（資料と解説）』（国立国会図書館、1946 年 2 月 3 日）。http://www.ndl.go.jp/constitution/shiryo/03/072shoshi.html

5　憲法調査会『憲法制定の経過に関する小委員会報告書』（報告書付属文書第 2 号、1964 年 7 月）、343-359 頁、小島和司ほか訳「日本の新憲法 ― 総司令部民政局報告書Political Reorientation of Japan, September 1945 to September 1948 ―」『国家学会雑誌』65 巻 1 号（1950 年）を掲載する、寺島俊穂編『復刻版　戦争放棄編』（参議院事務局編『帝国憲法改正審議録　戦争放棄編』（1952 年））（三和書籍、2017 年）、369-374 頁。

6　一例として、戦時に適用される国際法は、かつて「戦時国際法」と言われたが、現在は、「武力紛争法（Law of Armed Conflict）」とか「国際人道法（International Humanitarian Law）」と言われるようになった。

7　国際法上、個々の武力紛争を見るとき、戦争という用語を使うか使わないかに関わらず、①自衛権の行使、②国連憲章 7 章に基づく措置、③違法な武力行使に分類されるとする。松山健二「憲法第 9 条の交戦権否認規定と武力紛争当事国の第三国に対する措置」『レファレンス』1 月号（国立国会図書館、2014 年）、89 頁。

8　この間の経緯については、西修ほか『日本の安全保障法制』（内外出版、2001 年）、245-247 頁、明石康『国際連合』（岩波書店、1995 年）、71-75 頁、神谷不二『朝鮮戦争』（中央公論社、1990 年）、51-58 頁。

9　1952 年条約 5 号。「日本に対する平和条約」ともいう。

10　日本国とアメリカ合衆国との間の安全保障条約（1952 年条約 6 号）。

11　日本国とアメリカ合衆国との間の相互協力及び安全保障条約（1960 年条約 6 号）。

12　東郷和彦外務省条約局長、参議院予算委員会会議録 11 号（1999 年 3 月 8 日）、14 頁。

13　小松一郎内閣法制局長官、参議院予算委員会会議録 6 号（2014 年 3 月 4 日）、30 頁。

14　帝國議会衆議院議事速記録 6 号（1946 年 6 月 26 日）、4 頁。

15　同 8 号（6 月 28 日）、14-15 頁。

16　政府原案には、当初、「戦争を放棄し陸海空三軍を永久に所持しないことを明らかにして

いる憲法第9条に対し注意を惹起するという一項を附加していた」が、①朝鮮事変の際も現実に軍事的措置に参加した加盟国が少数であったこと、②参加国以外の加盟国が憲章上の義務違反ではないとされたことから、日本が加盟しても、現実問題として支障はないと判断していたことが紹介されている。また、9条制定直後は、占領中でもあり神経過敏的に考えていたが、①国連加盟が軍隊提供を義務付けるものではなく、②国連の集団安全保障に対して加盟国がいかなる協力義務を負うかは、安保理と加盟国との間の特別協定によって定まり、③その際も、「兵力」に限らず、「援助または便益」の提供で足りるとされ、国連憲章上の義務が直ちに自衛隊の軍事的協力義務を意味しないことが了解されたとされている。「憲法調査会報告書付属文書5号」（1955年9月）。

17 西修『日本国憲法の誕生』（河出書房新社、2012年）、31頁。

18 日本国とソヴィエト社会主義共和国連邦との共同宣言（1956年条約第20号）。

19 2代国連事務総長のハマーショルドの言葉である。General Assembly President Says United Nations Peacekeeping Activities should be strengthened as effective tool for maintaining peace, United Nations, Press Release, GA/SM/66 PKO/76, (1998), http://www.un.org/press/en/1998/19981006gasm66.html

20 江藤は、それをGHQ傘下の民間検閲局（CCD：Civil Censorship Detachment）の検閲により、連合国への批判を封じ、すべての連合国が「公正と信義」に基づく平和共存している虚構の世界を作り出したとする。江藤淳『一九四六年憲法』（文藝春秋、1980）62-63頁。

21 帝國議会衆議院帝國憲法改正案委員会議録（1946年7月9日）、21頁。

22 1950年政令260号。政令という法形式をとれば、その成立には両院の可決が不要である。

23 保安庁法（1952年法律265号）、防衛庁設置法（1954年法律164号）、自衛隊法（1954年法律165号）。なお、防衛省・自衛隊は同一の組織であるが、防衛省という場合は、実力組織たる各自衛隊の管理・運営を任務とする行政組織の面（静的な側面）を捉える。他方、自衛隊という場合は、部隊行動を行う実力組織としての面（動的な側面）を強調する場合に使用される（田村重信編『新・防衛法制』（内外出版、2018年）、104頁。

2 9条2項の軌跡

24 GHQ案を作成したケーディス氏によると、「日本を永久に武装解除されたままにしておくこと」と断言する。江藤淳『占領史録3巻憲法制定過程』（講談社、1982年）、39頁。

25 「ポツダム受諾に関する8月10日付日本国政府申入：ポツダム宣言受諾に関し瑞西［スイス］、瑞典［スェーデン］を介し連合国側に申し入れ関係」『ポツダム宣言受諾に関する交渉記録』（国立国会図書館）http://www.ndl.go.jp/constitution/shiryo/01/010shoshi.html

26 いわゆる「バーンズ回答」と言われるもので、ポツダム宣言の受諾に当たり、アメリカ政府に国体護持の確認をとったところ、バーンズ国務長官から「天皇及び日本国政府の

国家統治の権限は…連合国軍最高司令官の"制限の下（be subject to）"に置かれるものとする」という回答を受理し（外務省編『日本外交文書太平洋戦争第三冊』（外務省、1947年）、1926-1927頁）、その文言をもって、国体が護持されたものと受け止めたと言われている。

27 田村幸策「日本国憲法と国際法との矛盾を論ず」『法學新法』61巻4・5号（中央大學法學會）、11頁。

28 いわゆる「押し付け憲法論」については、西修『日本国憲法はこうして生まれた（中公文庫）』（中央公論新社、2000年）、同『図説 日本国憲法の誕生』（河出書房新社、2012年）、百地章「占領下に作られた憲法」『憲法の常識 常識の憲法』（文藝春秋、2005年）、44-72頁参照。なお、この問題については、国会でも繰り返し議論されている。『衆議院憲法調査会報告書の概要』（憲法調査会事務局、1964年7月）、85-93頁、『日本国憲法の制定経緯等に関する参考人の発言の要点』（衆議院憲法調査会事務局、2000年5月）、9-15頁。

29 1912年条約4号。ハーグ陸戦条約ともいう。

30 芦部信喜「現行憲法の正当性 ― 制憲過程にあらわれた憲法と国際法 ― 」『憲法制定権力』（東京大学出版会、1983年）、149-168頁、古関彰一『日本国憲法の誕生（増補改訂版）』（岩波書店、2017年）、405-427頁。

31 寺島、前掲（註5）『復刻版 戦争放棄編』より「対日理事会におけるマックアーサー元帥の演説（抄）（1946年4月5日）」、362頁。しかし、当のマッカーサー元帥は、朝鮮戦争時、原爆の使用も含め中国本土への攻撃を進言していたとされ、1951年、不拡大方針を主張するトルーマン大統領と対立し解任されたが、9条によるわが国の武装解除を、アメリカ合衆国成立時の各州の主権放棄になぞらえて称賛した当該演説後の言動とは、真逆の姿勢を示していたことになる。マイケル・シャラー（豊島哲訳）『マッカーサーの時代』（恒文社、1996年）、321、327、343-344頁。『アメリカ史「読む」年表事典3 20世紀［1901-1954］』（原書房、2014年）、581頁。

32 降伏文書（1945年9月2日東京湾上において署名）、外務省編『日本占領及び管理重要文書集』（第一巻1949年）http://www.ndl.go.jp/constitution/etc/j05.html

33 西、前掲（註17）『日本国憲法の誕生』、20-21頁参照。

34 1946年、国務省政策企画本部長ジョージ・ケナンが匿名で『フォーリンアフェアーズ』誌上、X論文として発表したとされている。新治毅「アメリカの日本占領と日米安保体制の起源」防衛法学会編『防衛法研究』23号（内外出版、1999年）、154-156頁。ドミノ理論は、1954年アイゼンハワー大統領によって提唱されたもので、当初、ギリシャやトルコを念頭に置いていたが、後に日本を北東アジア地域の戦略的拠点と位置付けた。佐々木卓也編『ハンドブック アメリカ外交史 ― 建国から冷戦期まで―』（ミネルヴァ書房、2011年）、106、108-112、141-142頁。

35 西修『保管された9条「怪文書」の謎』（産経新聞、2018年7月6日）、同「憲法9条の

成立経緯」『駒澤大学法学部研究紀要』62 号（2004 年 3 月）、4-16 頁、佐々木高雄『戦争放棄条項の成立経緯』（成文堂、1997 年）、45-221 頁、古関彰一『日本国憲法誕生　増補改訂版』（岩波書店、2017 年）、143-149 頁、憲法調査会事務局『幣原先生から聴取した戦争放棄条項等の生まれた事情について ― 平野三郎氏記 ―』（1964 年 2 月）、1-52 頁。

36　両論についての参考人の意見について、衆議法調査会、前掲（註 28）『制定経緯に関する参考人発言』（2000 年）。法的な瑕疵はないとの立場を整理したものとして、播磨信義・木下智史「憲法はどのようにしてつくられたか」『新・どうなっている!? 日本国憲法（3 版）― 憲法と社会を考える』（法律文化社、2016 年）、14-17 頁。両論を整理したものとして、国立国会図書館調査及び立法考査局政治議会調査室・憲法課「いわゆる「押しつけ憲法論」をめぐる議論について」（2015 年 4 月 28 日）及び『『日本国憲法の制定過程』に関する資料（衆憲資 90 号）』（衆議院憲法調査会事務局、2016 年 11 月）参照。

37　松本国務大臣の証言によれば、ホイットニー GHQ 民政局長は、「日本政府に対し、この提案のような改正案の提示を命ずるものではない」としながらも、「この提案と基本原則及び基本形態を同じくする改正案をすみやかに作成提出せられんことを切望する」として、「20 分くらい庭を見てくるから、その間に（提案を）見てくれ」といったとする様子が語られている。憲法調査会、前掲（註 5）「小委員会報告書」（1964 年）、344-345、350-359 頁。A・オプラー(内藤頼博監訳)『日本占領と法制改革』（日本評論社、1990 年）、37-38 頁。

38　この間の経緯については、上の憲法調査会の「小委員会報告書」（1964 年）、343-359 頁を始め、高柳賢三ほか「日本国憲法制定の過程 I 原文と翻訳 ― 連合国総司令部側の記録による ―」（有斐閣、1972 年）、55-57 頁、i-vii 頁、320-335 頁。日米の当事者で受け止めの違いについて、上記高柳の翻訳のあり方に対して、江藤から疑問が呈せられているが、GHQ が強い影響力を及ぼしたという本書の趣旨に反するような記述ではない。江藤、前掲（註 20）『一九四六年憲法』、33-40 頁。なお、吉田茂『回想十年 2』（中央公論社、1998 年）、20-32 頁参照。

39　憲法調査会、前掲（註 5）『小委員会報告書』（1964 年）、344-348 頁、オプラー、前掲（註 37）『日本占領』、38-39 頁。マーク・ゲイン（井本威夫訳）『ニッポン日記』（筑摩書房、1982 年（1948 年初版）)、122-124 頁。

40　帝國議会衆議院議事速記 8 号（1946 年 6 月 26 日）、3 頁、同 8 号（1946 年 6 月 28 日)、15 頁。

41　衆議院会議録 11 号（1950 年 1 月 23 日）、1 頁。

42　中村明『戦後政治にゆれた憲法九条 ― 内閣法制局の自信と強さ』（中央経済社、1996 年)、67、70-71、80 頁、大嶽秀夫編『戦後日本防衛問題資料集 第 1 巻』（三一書房、1991 年)、235 頁。大平善梧「憲法九条と日本の交戦権」防衛法学会編『防衛法研究』5 号（内外出版、1981 年）、7 頁。

43 正確には、拒否権が発動された議題の件数は 201 件、1 件の議題に中露が発動した場合を 2 件とカウントすると 246 件。http://reseach.in.org/en/docs/sc/quick/veto

44 1999 年には、周辺事態安全確保法［周辺事態に際して我が国の平和及び安全を確保するための措置に関する法律］（1999 年法律 60 号）、改正自衛隊法（1999 年法律 61 号）、船舶検査法［周辺事態に際して実施する船舶検査活動に関する法律］（2000 年法律 145 号）が整備され、日米 ACSA［日本国の自衛隊とアメリカ合衆国軍隊との間における後方支援、物品又は役務の相互の提供に関する日本国政府とアメリカ合衆国政府との間の協定を改正する協定）（1999 年条約 5 号）が承認された。

45 ①事態対処法［武力攻撃事態等における我が国の平和と独立並びに国及び国民の安全の確保に関する法律］（2003 年法律 79 号）。
　②改正自衛隊法（2003 年法律 80 号）。
　③改正安全保障会議設置法（2003 年法律 78 号）。

46 ①国民保護法［武力攻撃事態等における国民の保護のための措置に関する法律］（2004 年法律 112 号）。
　②米軍行動関連措置法［武力攻撃事態等におけるアメリカ合衆国等の軍隊の行動に伴い我が国が実施する措置に関する法律］（2004 年法律 113 号）。
　③特定公共施設利用法［武力攻撃事態等における特定公共施設等の利用に関する法律］（2004 年法律 114 号）。
　④改正自衛隊法（2004 年法律 111 号）。
　⑤海上輸送規制法［武力攻撃事態における外国軍用品等の海上輸送の規制に関する法律］（2004 年法律 116 号）。
　⑥捕虜取扱法［武力攻撃事態における捕虜等の取扱いに関する法律］（2004 年法律 117 号）。
　⑦国際人道法処罰法［国際人道法の重大な違反行為の処罰に関する法律］（2004 年法律 115 号）。

47 国際連合平和維持活動等に対する協力に関する法律（1992 年法律 79 号）。

48 平成 13 年 9 月 11 日のアメリカ合衆国において発生したテロリストによる攻撃等に対応して行われる国際連合憲章の目的達成のための諸外国の活動に対して我が国が実施する措置及び関連する国際連合決議等に基づく人道的措置に関する特別措置法（2001 年法律 113 号）。

49 イラクにおける人道復興支援活動及び安全確保支援活動の実施に関する特別措置法（2003 年法律 137 号）。

50 海賊行為の処罰及び海賊行為への対処に関する法律（2009 年法律 55 号）。

51 この間の経緯については、西、前掲（註 8）『日本の安全保障法制』、26-28 頁、田村重信『日本の防衛法制（2 版）』（内外出版、2012 年）、229-562 頁参照。

52 性格の異なった内容の法律を「束ね法」として提出して成立を図る政府の手法が批判さ

れたが、法律の束ね方としては、以下のように整理された。

（1）平和安全法制整備法［我が国及び国際社会の平和及び安全の確保に資するための自衛隊法等の一部を改正する法律］（2015 年法律 76 号）。

　　①改正自衛隊法、②改正 PKO 協力法、③改正周辺事態法、④改正船舶検査法、⑤改正事態対処法、⑥改正米軍行動関連措置法、⑦改正特定公共施設利用法、⑧改正海上輸送規制法、⑨改正捕虜取扱法、⑩改正国家安全保障会議設置法。

（2）国際平和支援法［国際平和共同対処事態に際して我が国が実施する諸外国の軍隊等に対する協力支援活動等に関する法律］（2015 年法律 77 号）（新規制定）。

53　「自民、9 条改正案集約へ 2 項維持、自衛隊明記軸に」『日本経済新聞』（2018 年 2 月 8 日）、「9 条 2 項維持案 賛成 38% 首相案は浸透不足 共同通信調査」『東京新聞』（2018 年 2 月 12 日）、「9 条 2 項維持 集約図る　武力行使の範囲 焦点 自民議員改憲条文案」『読売新聞』（2018 年 2 月 20 日）、自由民主党憲法改正推進本部（2017 年 12 月 20 日）https://www.jimin.jp/news/policy/136448.html

54　戦後の憲法論議の経緯については、長須賀明彦・橋本靖明「憲法論議の動向とその背景　―安全保障に関する各界の意識変化―」防衛法学会編『防衛法研究』31 号（内外出版、2007 年）、151-169 頁、和田修一「戦後の国際環境の変化と憲法」、44-45 頁、永久寿夫「戦後日本の「安全保障と憲法」と国民世論」、106-136 頁、以上、加藤秀次郎編『日本の安全保障と憲法』（南窓社、1998 年）、新治、前掲（註34）「アメリカの日本占領」、153-168 頁。

55　自民党高村副総裁発言『プライムニュース』（BS フジ、2018 年 2 月 6 日 20 時〜 21 時 55 分）、自民党石破元幹事長発言『プライムニュース』（BS フジ、2018 年 1 月 28 日 20 時〜 21 時 55 分）。

56　「石破氏、2 段階戦術描く「9 条 2 項維持」自民案容認 総裁になれば削除めざす」『日本経済新聞』（2018 年 2 月 28 日）。船田元自民党憲法改正推進本部長代行『9 条 2 項存置。当面この方法しかない』（毎日新聞「政治プレミア」、2017 年 7 月 26 日）、https://mainichi.jp/premier/politics/articles/20180610/pol/00m/010/086000c

57　船田元自民党憲法改正推進本部長代行発言『プライムニュース』（BS フジ、2017 年 12 月 21 日 20 時〜 21 時 55 分）。

58　読売憲法改正試案（1994 年 11 月 3 日）、https://info.yomiuri.co.jp/media/yomiuri/feature/kaiseishian.html

59　産経新聞 80 周年「国民の憲法」要綱（2013 年 4 月 26 日）、http://www.sankei.com/politics/print/130426/plt1304260002-c.html、「総裁選と憲法 9 条　自衛隊明記の意義を説け　ゴールは「2 項削除」と確認を」『産経新聞』（2018 年 8 月 28 日）。

60　新しい憲法をつくる国民会議（＝自主憲法制定国民会議）『日本国憲法〔新憲法第 3 次案〕』（2012 年）、8、20-22 頁。

61 制憲会議（米澤隆代表幹事）『国を創る 憲法を創る ― 新憲法草案 ―』（一藝社、2006 年）、108-110 頁。

62 世界平和研究所『憲法改正試案　条文対照表』（2005 年）http://www.iips.org/research/data/kenpouhikaku.pdf

3　海外派兵を禁じる参議院決議の歴史的使命の終焉

63 一般に使われる「国会決議」は、正確には各議院の決議である。両院協議会（憲法 59 条（法律 - 任意）、同 60 条（予算 - 義務））、同 61 条（条約 - 義務）及び同 67 条（総理指名 - 義務）、国会法 86 条の 2（憲法改正原案））が開催されることがあるが、協議によって両院の合意が得られた場合であっても、その合意に基づき、各院で改めて議決の手続が踏まれる。決議には、本会議決議、委員会決議があり、委員会で法律案を議決する際に付せられる附帯決議があるが、ここで取り上げるのは、衆議院又は参議院が政策の立案、法の執行について意思表明を行う決議である。

64 行政法制研究会「国会決議の効力」『判例時報』1396 号（判例時報社、1991 年）、11 頁。

65 参議院会議録 57 号（1954 年 6 月 2 日）、34-35 頁。

66 参議院決議の趣旨について、宮澤喜一内閣総理大臣、参議院会議録 5 号（1991 年 12 月 4 日）、6-8 頁、国会決議の法的意義について、阪田雅裕内閣法制局長官、参議院憲法調査会会議録 9 号（2001 年 6 月 6 日）、6 頁。海賊対処行動と参議院決議の意義について、浜田靖一防衛大臣、衆議院海賊行為への対処並びに国際テロリズムの防止及び我が国の協力支援活動等に関する特別委員会議録 3 号（2009 年 4 月 15 日）、29-30 頁、集団的自衛権の行使を可能とする閣議決定について、その決定を無効とする国会決議がなされた場合につき、小松一郎内閣法制局長官、衆議院内閣委員会議録 6 号（2014 年 3 月 19 日）、4 頁、参議院議員小西洋之君提出「自衛隊の海外出動を禁ずる参議院本会議と集団的自衛権の解釈変更に関する質問主意書」に対する答弁書（2014 年 6 月 20 日）、1-2 頁。

67 竹中治堅監修・参議院総務委員会調査室編『議会用語辞典』（学陽書房、2009 年）、168 頁。

68 野田哲也内閣法制局第四部長、衆議院世界貿易機関設立協定等に関する特別委員会議録 8 号（1994 年 11 月 29 日）、23 頁。同趣旨の答弁として、小松一郎内閣法制局長官、衆議院内閣委員会議録 6 号（2014 年 3 月 19 日）、4 頁、阪田内閣法制局長官、前掲会議録（註 66）、6 頁、竹中、前掲（註 67）『議会用語辞典』、168 頁、浅野一郎ほか編『新・国会事典（3 版）』（有斐閣、2014 年）、147-148 頁。いずれも、その効果を内閣に対する政治的・道義的拘束力に留まるとして、議院決議の法的拘束力を否定する。なお、行政法制研究会、前掲（註 60）「国会決議の効力」『判例時報』1396 号（判例時報社、1991 年）、11-14 頁参照。

69 浅野、同上、148 頁。

70 発議者鶴見祐輔参議院議員による趣旨説明、参議院会議録 57 号（1954 年 6 月 2 日）、

参考文献　*137*

35-38 頁。

71　同上、38 頁。

72　かつて、実務担当者として決議案の作成に携わったが、各党各会派の代表者等がそれぞれの意向を受けた案文を持ち寄り、決議案文の中身を調整した。その際の各自の了解事項は、政治的主張を盛り込みつつも法的拘束力を持たせない決議文に仕上げることであった。

73　「昭和 29 年の本院における本会議の御決議につきましては、その有権解釈はもとより参議院において行われるもの」との認識を示している。宮澤総理、前掲会議録（註 66）、8 頁。同趣旨の答弁として、浜田防衛大臣、前掲会議録（註 66）、30 頁。

74　1947 年法律 79 号。

75　1947 年 6 月 28 日議決。

76　1947 年 6 月 28 日議決。

77　衆議院事務局（2017 年版）。

78　参議院ウェブサイト、http//www.sangiin.go.jp/japanese/aramashi/houki/senreiroku.html

79　阪田雅裕内閣法制局長官、前掲会議録（註 66）、6 頁。

80　鶴見祐輔委員外委員趣旨説明、前掲（註 70）参照。

81　同、参議院内閣委員会会議録 49 号（1954 年 6 月 1 日）、16-18 頁。この間の経緯について、坂口規純「国連の安全保障と日本 ― 国連軍参加に関する政府解釈の変遷」『国際公共政策研究』3 巻 2 号（大阪大学リポジトリ、1993 年）、51-52 頁参照。

82　上記、参議院決議と PKO 協力法案との関係を問われ、宮澤総理は「自衛隊が…国際平和協力業務、国際緊急援助活動を行うために海外に出ますことまで想定をしておられるのではない」と答えている。宮澤内閣総理大臣、前掲会議録（註 66）、6-8 頁。

83　敵基地攻撃能力やそれを可能とする長距離ミサイル、防衛型空母の導入については、自民党安全保障調査会が 3 月 20 日にまとめた『防衛政策の基本指針「防衛計画の大綱」に関する提言』の骨子案に含まれている。「防衛大綱　自民骨子案「多用途防衛型空母」を提言　新造や「いずも」型の改修念願」『産経新聞』（2018 年 3 月 21 日）、「防衛新時代　安保法 2 年「長距離ミサイルの抑止力」『読売新聞』（2018 年 3 月 31 日）」。
専守防衛については、「主張　専守防衛　国民守れる戦略は見直せ」（2018 年 2 月 19 日）、「専守防衛「大変厳しい現実」首相「国土、戦場になりかねぬ」（2018 年 2 月 15 日）」以上『産経新聞』、「社説「専守防衛」変質への憂い」『東京新聞』（2018 年 2 月 19 日）。

84　下田武三外務省条約局長答弁として、衆議院外務委員会議録 5 号（1954 年 2 月 6 日）、17 頁。坂口、前掲（註 81）「国連の安全保障と日本」、52-54 頁参照。

85　浅野、前掲（註 68）、148 頁。

86　真田秀夫内閣法制局第一部長、衆議院商工委員会議録 31 号（閉会中審査）（1970 年 6 月 11 日）、24-25 頁。

87 1947 年法律 5 号。

88 一連の制定手続については、法制執務研究会編『新訂ワークブック法制執務第 2 版』（ぎょうせい、2018 年）、34、69-71、73、74 頁参照。

89 US Const. art. 1, §7, cl.3.; 鈴木康彦『注釈アメリカ合衆国憲法』（国際書院、2000 年）、48-49 頁。

90 Mark J. Oleszek, Cong. Research Serv., Introducing a House Bill or Resolution, Jan. 12, 2017; チャールズ・J・ジン（山岡清二訳）『アメリカ議会と法案審議のしくみ』（経済広報センター、1981 年）、15 頁。

91 Joint Resolution: To Authorize the use of United States Armed Force against those responsible for the recent attack launched against the United States, 107 P.L. 40, 115 Stat. 224 (2001).

92 浅野、前掲（註 68）、147-148 頁。

93 衆議院農林水産委員会議録 20 号（閉会中審査）（1990 年 9 月 26 日）、5-6 頁。

94 1969 年法律 50 号。

95 衆議院会議録 35 号（1969 年 5 月 9 日）、10 頁。

96 衆議院会議録 35 号（1969 年 5 月 9 日）、1 頁。

97 参議院科学技術振興対策特別委員会会議録 9 号（1969 年 6 月 13 日）、1 頁。

98 神田茂「宇宙の開発利用の現状と我が国の課題（前編）」『立法と調査』302 号（2010 年 5 月）、112、114 頁、宇宙開発利用、日本の宇宙開発の政策史 1968 年 5 月～12 月、文部科学省ウェブサイト参照。http://www.mext.go.jp/a_menu/kaihatu/space/kaihatsushi/detail/1299250.htm

99 角田禮次郎内閣法制局長官、参議院安全保障特別委員会会議録第 4 号（1983 年 5 月 16 日）、6-8 頁。

100 衆議院行政改革に関する特別委員会議録 5 号（1983 年 9 月 29 日）、5-7 頁、村山隆雄「我が国の宇宙開発を考える視点 ―「宇宙基本法案」の上程に寄せて ―」『レファレンス』9 月号（国立国会図書館、2007 年）、18-25 頁。

101 加藤紘一防衛庁長官、衆議院予算委員会議録 5 号（1985 年 2 月 6 日）、3 頁。

102 竹山裕科学技術庁長官、衆議院予算委員会議録 3 号（1998 年 12 月 8 日）、20-21 頁。同、衆議院科学技術委員会議録 2 号（1998 年 12 月 11 日）、3 頁。

103 民主党ウェブサイトアーカイブ、http://archive.dpj.or.jp/news/?num=10754

104 2008 年法律 43 号。

105 野田佳彦衆議院議員、参議院内閣委員会会議録 14 号（2008 年 5 月 20 日）、2 頁。橋本靖明『宇宙基本法の成立 ― 日本の宇宙安保政策 ―』（防衛研究所ニュース、2008 年 7 月号）、1-3 頁参照。

106 政府は、「わが国には固有の自衛権があり、その限界内で自衛行動をとることは憲法上許

されるとの見解のもとに、いわゆる「海外派兵」は、自衛権の限界をこえるが故に、憲法上許されないとの立場を堅持」しつつも、「かりに、海外における武力行動で、自衛権発動の三要件（略）に該当するものがあるとすれば、憲法上の理論としては、そのような行動をとることが許されないわけではない」としている。衆議院議員松本善明君提出「安保条約と防衛問題等に関する質問主意書」に対する答弁書（1969 年 4 月 10 日）。鳩山一郎内閣総理大臣（船田中防衛庁長官代読）、衆議院内閣委員会議録 15 号（1956 年 2 月 29 日）、2 頁。

第 2 部　陸海空軍その他の戦力

1　戦力でない自衛隊の矛盾

107　戦力についての学説は、内閣法制局編『憲法関係答弁例集』（2016 年 9 月）。なお、水島朝穂「第 9 条」『基本法コンメンタール 憲法 5 版（別冊法学セミナー 189）』（日本評論社、2006 年）、50-52 頁、愛敬浩二「9 条」『新基本法コンメンタール憲法（別冊法学セミナー 210）』（日本評論社、2011 年）、63-66 頁、鵜飼信成『要説憲法（法律学入門双書）』（弘文堂、1960 年）、宮澤俊義・芦部信喜『日本国憲法 2 版（全訂版）』（日本評論社、1978 年）、166-175 頁参照。

108　「世界の軍事費 0.4% 増　16 年、横ばい続く」『日本経済新聞（電子版）』（2017 年 4 月 24 日）、Nan Tian, Aude Fleurant, Pieter D. Wezeman And Siemon T. Wezeman, SIPRI Fact Sheet April 2017, Stockholm International Peace Research Institute, Trends in World Military Expenditure, 2016, https://www.sipri.org/sites/default/files/Trends-world-military-expenditure-2016.pdf

109　SACO (Special Action Committee on Okinawa) は沖縄に関する特別行動委員会の略。沖縄に所在するアメリカ軍施設・区域にかかわる諸課題に関し協議することを目的として、1995 年 11 月、日米両国政府によって設置され、翌年 12 月の最終報告に基づき、負担軽減に努めているもの。詳しくは、防衛省・自衛隊のウェブサイトを参照。www.mod.go.jp/j/approach/zaibeigun/okinawa/saco_final/

110　さしあたり、『自衛隊装備年鑑 2017-2018』（朝雲新聞社、2017 年）参照。

111　陸上自衛隊ウェブサイトより引用、http://www.mod.go.jp/gsdf/equipment/ve/index.html

112　防衛省ウェブサイトより引用、http://www.mod.go.jp/msdf/formal/gallery/ships/dd/atago/178.html

113　防衛省ウェブサイトより引用、http://www.mod.go.jp/asdf/equipment/sentouki/F-35/images/gallery/f35img0011.jpg

114　そのほかの答弁例については、内閣法制局編「憲法 9 条・憲法解釈関係」、393-402、423-425 頁参照。同様の問題意識をもつものとして、森本敏ほか『国防軍とは何か』（幻

140

冬舎ルネッサンス新書、2013 年）、148-149 頁。

115 内閣官房「国の存立を全うし、国民を守るための切れ目のない安全保障法制の整備について」の一問一答からhttp://www.cas.go.jp/jp/gaiyou/jimu/anzenhoshouhousei.html#shinsanyouken

116 吉國一郎内閣法制局長官、参議院予算委員会会議録 5 号（1972 年 11 月 13 日）、2 頁。

117 学説の分類については、松浦一夫編『憲法概説』（成文堂、2017 年）、391-398 頁。なお、本書では 9 条の下での自衛隊の合憲違憲に関する議論は扱わないが、その概要については、安保克也「憲法改正の課題―9 条について―」『防衛法研究』42 号、防衛法学会編（内外出版、2018 年）、47-86 頁。

118 この間の経緯については、和田、前掲（註54）「戦後の国際環境」、42-71 頁参照。

119 ただし、この間の経緯については、前掲（註8）に挙げた諸文献を参照。

120 小林幸夫、「「憲法と安全保障」をめぐる争点」、前掲（註54）『日本の安全保障と憲法』、176-179 頁。

121 参議院予算委員会会議録 4 号（1967 年 3 月 31 日）、3 頁。

122 参議院議員櫻井充君提出「自衛隊員とジュネーブ条約上の捕虜との関係に関する質問主意書」に対する答弁書（2002 年 12 月 6 日）。

123 中山太郎外務大臣、衆議院会議録 4 号（1990 年 10 月 18 日）、10 頁。

124 瓦力防衛庁長官、参議院予算委員会会議録 18 号（1988 年 4 月 6 日）、2 頁、「国会提出資料F-15 及びP-3Cを保有することの可否について」（衆議院予算委員会提出、1978 年 2 月 14 日）、中谷元防衛大臣、衆議院平和安全法制特別委員会会議録 14 号（2015 年 6 月 26 日）、5 頁参照。

125 以下、色摩力夫『日本の死活問題―国際法・国連・軍隊の真実―』（グッドブックス、2017 年）、151-152、162 頁、奥平譲治「軍の行動に関する法規の規定のあり方」『防衛研究所紀要』10 巻 2 号（2007 年）、67-101 頁、横地光明「こんな自衛隊に誰がした！自衛隊が"軍隊"になれない理由　自衛隊が"勝てない"理由『警察原理』に縛られた日本の防衛」『軍事研究 2017 年 2 月号』（ジャパン・ミリタリー・レビュー、2017 年）、219-221 頁、長島昭久ほか報告「防衛大綱見直しに直言―安全保障のかたち―」41 巻（NPO日本戦略フォーラム、2009 年）、30-31 頁、森本、前掲（註114）『国防軍』138-143 頁、中谷元防衛大臣、参議院我が国及び国際社会の平和安全法制に関する特別委員会会議録 8 号（2015 年 8 月 5 日）、40 頁、石破防衛庁長官、衆議院安全保障委員会会議録 16 号（2003 年 5 月 16 日）、5 頁。

126 海上自衛隊は、領海内に通航する船舶が無害でない行動をとったときには、海上警備行動等の措置をとり（自衛隊法 82 条及び 93 条）、航空自衛隊は領空侵犯を防ぐため、対領空侵犯措置として、スクランブルをかけている（同法 84 条）。いずれも、法的には警察活動と位置付けられているため、海上警備行動においては、武器使用は警察比例の原

則が適用され、正当防衛・緊急避難その他、一定の重罪に該当するときにのみ使用可能
とする（警察法7条の準用）など、権限が制限されている。対領空侵犯措置については、
国際慣習法上、警告を無視した領空侵犯措置に対しては撃墜が認められるものの、我が
国の国家実行はなく、法的な整理がついていないとされる。それぞれの行動について、
西、前掲（註8）『日本の安全保障法制』、149-157頁参照。警察権との法的整理について、
森本、前掲（註114）『国防軍』184-189頁参照。

127 吉田茂内閣総理大臣、帝國議会貴族院議事速記録24号（1946年8月27日）、10頁。

128 文部省『あたらしい憲法のはなし』（実業教科書、1947年）、18-20頁。

129 西、前掲（註8）『日本の安保法制』、134頁参照。

130 2000年防衛庁訓令91号。

2 武力行使以外の自衛隊による国際活動

131 内閣府国際平和協力本部ウェブサイト「よくある質問Q&A」『世界の笑顔のために』（内
閣府国際平和協力本部事務局、2017年8月）、http://www.pko.go.jp/pko_j/info/other/
other_data03.html

132 佐藤正久、参議院外交防衛委員会会議録5号（2011年12月6日）、6頁、東祥三、衆
議院会議録18号（2001年11月22日）、6頁、菊地清明、衆議院国際平和協力等に関
する特別委員会議録7号（その2）（1991年11月26日）、50頁。SIMON CHESTERMAN,
EXTERNAL STUDY, THE USE OF FORCE OPERATIONS, UNITED NATIONS PEACEKEEPING IN THE
SERVICE OF PEACE, 5, http://smallwarsjournal.com/documents/useofforceunpko.pdf#search=
%27Simon+Chesterman+The+Use+of+Force+in+UN+Peace+Operations%27

133 川端清隆、持田繁『PKO新時代　国連安保理からの証言』（岩波書店、1997年）、7頁。

134 柳井俊二政府委員、衆議院外務委員会議録7号（1995年5月12日）、19頁、松本隆太
郎政府参考人、参議院外交防衛委員会会議録2号（2011年10月27日）、25頁、宮島昭
夫政府参考人、参議院外交防衛委員会会議録3号（2016年10月25日）、4頁。

135 伊勢﨑賢治『PKO・駆けつけ警護 自衛隊に事故があれば一気に9条改憲か　南スーダン
PKO派遣は実質的な違憲』Journalism 1月号（朝日新聞出版、2017年）、69-77頁、同、
『「戦場における自衛官の法的地位」を考える』（自衛隊を活かす：21世紀の憲法と防衛を
考える会、2016年4月22日シンポジウム）、https://iwj.co.jp/wj/open/archives/298600

136 川端、前掲（註133）『PKO新時代』、239頁。

137 伊勢﨑賢治『主権なき平和国家 ― 地位協定の国際比較からみる日本の姿』（集英社、
2017年）、194-217頁、大庭弘継「規範の軋轢 ― リビア介入後の4年間における保護す
る責任と文民保護の動向 ―」『グローバル・ガバナンス』2号（志學社、2015年12月）、
30-36頁、中野義久「今後の国際平和協力活動における法的枠組みの検討一本来任務化
に対応する軍事司法制度についての提言」陸戦学会編集理事会編『陸戦研究』4月号（陸

戦学会、2008 年）、20-22 頁。

138 伊勢﨑、前掲シンポ（註 135）『自衛官の法的地位』参照。事務総長告示 5 条「国連部隊による国際人道法の遵守」（国際連合広報センター、1999 年 8 月 12 日）に具体的な規定がある。http://www.unic.or.jp/news_press/features_backgrounders/1468/

139 CARLOS ALBERTO DOS SANTOS CRUZ, IMPROVING SECURITY OF UNITED NATIONS PEACEKEEPERS: WE NEED TO CHANGE THE WAY WE ARE DOING BUSINESS (Dec. 19, 2017), https://peacekeeping.un.org/sites/default/files/improving_security_of_united_nations_peacekeepers_report.pdf#search=%27improimg+security+of+united++nations+peacekeepers%27「PKO70 年増す危険度」『読売新聞』（2018 年 5 月 31 日）、「国連、PKO 要員への攻撃には「武力行使」も報告書」『AFP BB NEWS』（2018 年 1 月 23 日）。

140 伊勢﨑、前掲（註 137）『主権なき平和国家』、195-217 頁。

141 法律の詳細については、田村重信、前掲（註 51）『安保法制』、429-480 頁。

142 内閣府国際平和協力本部事務局ウェブサイト、www.pko.go.jp/pko_j/info/other/pdf/leaflet2017/07.pdf

143 国連 PKO 要員の行動と規律、内閣府国際平和協力本部事務局、http://www.pko.go.jp/pko_j/organization/reseacher/atpkonow/article036.html。詳細な説明については、山田洋一郎「国際平和活動：いくつかの国際法的論点」『外務省調査月報』（2010 年 No.3）、34-41 頁。刑事責任免除と刑事管轄権について国連のモデル地位協定は、46 条から 49 条に規定を設けている。United Nations General Assembly, 46 Session Agenda Item76, Comprehensive Review of The Whole Question of Peace-Keeping Operations in All Their Aspects, Model Status of Force Agreement For Peace-Keeping Operations Report of The Secretary General. 南スーダン PKO 地位協定の場合、逮捕権・移送等は 43-47 条、刑事管轄権の規定は 50 条から 52 条に規定がある。Art. 50-52, The Status of Force Agreement between the United Nations and the Government of the Republic of South Sudan concerning the United Nations Mission in South Sudan ("SOFA").

144 安保法制の整備の過程で国外犯処罰規定が自衛隊法 122 条の 2 として新設された。

145 日本国とアメリカ合衆国との間の相互協力及び安全保障条約六条に基づく施設及び区域並びに日本国における合衆国軍隊の地位に関する協定（1960 年条約 7 号）。例えば、17 条 1 項（a）の刑事裁判権として「合衆国の軍当局は、合衆国の軍法に服するすべての者に対し、合衆国の法令により与えられたすべての刑事及び懲戒の裁判権を日本国において行使する権利を有する」という規定がある。

146 刑法（1907 年法律 45 号）。この論点に関しては、拙稿「軍法会議の今昔 ― その設立を語る前に―」防衛法学会編『防衛法研究』41 号（内外出版、2017 年）、207-223 頁参照。

147 ソマリア沖・アデン湾における海賊対処活動については、防衛省ウェブサイト http://www.mod.go.jp/js/Activity/Anti-piracy/anti-piracy.htm、及び海上保安庁ウェブサイト

参考文献　*143*

http://www.kaiho.mlit.go.jp/info/books/report2016/html/honpen/1_08_chap7.html

148　河村有数「日本における海賊対処とグアナバラ号事件」『海保大研究報告』59 巻 2 号（海
　　　上保安大学校、2015 年 3 月）、81-95 頁、甲斐克則「海賊対処法の意義と課題」『海事交
　　　通研究』61 集（2012 年 11 月）、13-22 頁。

149　『平成 31 年度以降に係る防衛計画の大綱について』（2018 年 12 月 18 日、国家安全保障
　　　会議決定・閣議決定）、16 頁。

150　ジブチ共和国における日本国の自衛隊等の地位に関する日本国政府とジブチ共和国政府
　　　との間の交換公文（2009 年 4 月 3 日）。

151　周辺事態に際して我が国の平和及び安全を確保するための措置に関する法律（1999 年法
　　　律 60 号）及び周辺事態に際して実施する船舶検査活動に関する法律（2000 年法律 145
　　　号）。

152　上記の改正法が、重要影響事態等に際し実施する船舶検査活動に関する法律（2000 年法
　　　律 145 号）である。

153　同様の問題意識として、長島昭久、衆議院海賊行為への対処並びに国際テロリズムの防
　　　止及び我が国の協力支援活動等に関する特別委員会議録 9 号（2009 年 7 月 10 日）、4 頁。

154　中谷元安全保障法制担当大臣、参議院我が国及び国際社会の平和安全法制に関する特別
　　　委員会会議録 4 号（2015 年 7 月 29 日）、8 頁。

155　このほか、衆議院議員伊藤英成君提出「内閣法制局の権限と自衛権についての解釈に関
　　　する質問主意書」に対する答弁書（2003 年 7 月 15 日）。

156　中谷元安全保障法制担当大臣、参議院我が国及び国際社会の平和安全法制に関する特別
　　　委員会会議録 18 号（2015 年 9 月 9 日）、13 頁。

157　『我が国及び国際社会の平和安全法制に関する特別委員会理事会提出資料』（2015 年 6 月
　　　9 日）。

158　大森政輔内閣法制局長官、衆議院予算委員会議録 12 号（1997 年 2 月 13 日）、18 頁。

159　横畠裕介内閣法制局長官、参議院我が国及び国際社会の平和安全法制に関する特別委員
　　　会会議録 13 号（2015 年 8 月 26 日）、18 頁。

160　衆議院安全保障委員会調査室『第 189 回国会（2015 年）安保法制の法案参考資料』、91 頁。

161　野呂田芳成防衛庁長官、衆議院日米防衛協力のための指針に関する特別委員会議録 9 号
　　　（1999 年 4 月 20 日）、36 頁。

162　海上における様々な活動については、竹本正幸監訳『人道法国際研究所 海上武力紛争法
　　　サンレモ・マニュアル解説書』（東信堂、1997 年）、167-213 頁、吉田靖之『海上阻止
　　　活動の法的諸相 ― 公海上における特定物資輸送の国際法的規制 ―』（大阪大学出版会、
　　　2016 年）、51-105 頁、安保公人「国連決議に基づく禁輸執行 ― 船舶検査活動に国際法
　　　と国家実行 ―」、79-107 頁、真山全「日米防衛協力の指針と船舶の検査」防衛法学会編
　　　『防衛法研究』22 号（内外出版、1998 年）、109-137 頁参照。

163 国際連合安全保障理事会決議第 1874 号等を踏まえ我が国が実施する貨物検査等に関する特別措置法（2010 年法律 43 号）。この問題については、古川勝久『北朝鮮 核の資金源「国連捜査」秘録』（新潮社、2017 年）、367-393 頁参照。

164 外国為替及び外国貿易法（1949 年法律第 228 号）。

165 当初、2 年間有効の時限立法として成立したが、2003 年 10 月改正で 2 年延長、2005 年 10 月改正と 2006 年 10 月改正でそれぞれ 1 年の延長が行われた。なお、2005 年以降、自衛隊の派遣は半年単位で延長されていた。

166 国家基本政策委員会合同審査会会議録 5 号（2003 年 7 月 23 日）、3 頁。

167 国家基本政策委員会合同審査会会議録 2 号（2004 年 11 月 10 日）、5 頁、同会議録 3 号（同年 11 月 17 日）、4 頁。

168 ただし、公式見解としては、10 年以上も前の判断に基づいて設定していた事実を挙げつつ、自衛隊の実際の活動経験や諸外国の活動の実態等、現実に即した検討の結果、他国の武力行使との一体化を避けることができると判断したとする。安倍晋三内閣総理大臣、衆議院我が国及び国際社会の平和安全法制に関する特別委員会議録 3 号（2015 年 5 月 27 日）、14 頁、中谷元安全保障法制担当大臣、参議院我が国及び国際社会の平和安全法制に関する特別委員会会議録 13 号（2015 年 8 月 26 日）、19 頁。

169 日本共産党『「後方支援」＝兵たんは武力行使と一体 戦争法案の違憲性浮き彫りに』（しんぶん赤旗、2015 年 5 月 30 日）、http://www.jcp.or.jp/akahata/aik15/2015-05-30/2015053008_01_0.html

170 民主党『イラク問題に関する現時点での考え方』（2003 年 12 月 5 日）、民主党ウェブサイト・アーカイブ、http://archive.dpj.or.jp/news/?num=10506

171 朝日新聞 DIGITAL、非戦闘地域（関連キーワード）、http://www.asahi.com/topics/word/非戦闘地域.html

172 このほか、「武力の行使」について、衆議院議員金田誠一君提出「「戦争」、「紛争」、「武力の行使」等の違いに関する質問主意書」に対する答弁書（2002 年 2 月 5 日）、「国際的な武力紛争の一環」について、石破茂防衛庁長官、参議院外交防衛委員会会議録 15 号（2003 年 7 月 10 日）、9,11 頁、「人の殺傷・物の破壊」について、自衛隊法 84 条の 3、1 項 1 号。「武力紛争」の定義について、衆議院議員逢坂誠二君提出「「戦闘」という言葉と「法的な意味における戦闘行為」の違いに関する質問主意書」に対する答弁書（2017 年 2 月 28 日）、同「稲田防衛大臣の法的な意味における戦闘行為との答弁に関する質問主意書」に対する答弁書（2017 年 2 月 17 日）。

173 『国際関係・安全保障用語辞典第 2 版』（ミネルヴァ書房、2017 年）、101 頁参照。

174 伊勢﨑、前掲（註 135）『自衛官の法的地位』。伊勢﨑は、派遣先で自衛官が関与した事件を裁くための軍法がないのは、自衛隊が軍隊とされてこなかったためとし、軍法の不存在を批判する。ただし、不十分ながら自衛隊員に対する罰則規定があり、不足の場合

は刑法の国外犯規定がある。しかし、伊勢﨑が指摘するように、自衛隊員を裁くための国外での捜査を可能とする権限が整備されてはいない。現地での証拠収集や捜査、訴追するための刑事手続の検討が必要であろう。

175 わが国独特の用語との評価について、山田邦夫『自衛権の論点（シリーズ憲法の論点⑫）』（国立国会図書館調査及び立法調査室、2006 年）、17 頁。また、安保法制懇では「武力攻撃に至らない侵害に対して措置を取る権利を「マイナー自衛権」と呼ぶ向きもあるが、この言葉は国際法上必ずしも確立したものではなく、また、国連憲章 51 条の自衛権の観念を拡張させているとの批判を内外から招きかねないので、使用しないことが望ましいとした。「安全保障の法的基盤の再構築に関する懇談会」報告書（2014 年 5 月 15 日）、33 頁、www.kantei.go.jp/jp/singi/anzenhosyou/dai2/gijiyousi.pdf、国際法上または国連憲章 51 条に該当しないかたちの軽微な武力行使は禁止されていないとする。下田武三外務省条約局長、参議院外務委員会会議録 25 号（1954 年 4 月 26 日）、11-12 頁、高橋通敏外務省条約局長、衆議院日米安全保障条約等特別委員会議録 21 号（1960 年 4 月 20 日）、26 頁。同趣旨の答弁として、橋本龍太郎内閣総理大臣、参議院会議録 10 号（1998 年 2 月 20 日）、17 頁及び岸田文雄外務大臣、衆議院安全保障委員会議録 1 号（2013 年 10 月 29 日）、12 頁。

176 橋本龍太郎内閣総理大臣、参議院会議録 8 号（1997 年 12 月 3 日）、12 頁。

177 高村正彦外務大臣、衆議院外務委員会議録 4 号（1998 年 9 月 18 日）、14 頁。

178 村瀬信也『自衛権の現代的展開』（東信堂、2007 年）、5 頁参照。

179 高橋通敏外務省条約局長、衆議院日米安全保障条約等特別委員会議録 21 号（1960 年 4 月 20 日）、26 頁。

180 領域等の警備に関する法律案（衆 13 号）（2014 年 11 月 17 日提出）。当初、民主党が単独で提出したが、後に維新の党との共同提出になった。

181 安倍晋三内閣総理大臣、衆議院我が国及び国際社会の平和安全法制に関する特別委員会議録 6 号（2015 年 6 月 1 日）、34 頁、参議院我が国及び国際社会の平和安全法制に関する特別委員会会議録 3 号（2015 年 7 月 28 日）、43 頁。

182 同、衆議院我が国及び国際社会の平和安全法制に関する特別委員会議録 4 号（2015 年 5 月 28 日）、11-12 頁。

183 前掲（註 149）「防衛計画大綱」9-10 頁。

第 3 部　交戦権（9 条 2 項後段）

1　そもそも交戦権とは何か

184 内閣法制局編『憲法関係答弁例集』（内閣法制局、2016 年）、428 頁。

185 衆議院議員長島昭久君提出「国際法上の交戦者の権利・義務に関する質問主意書」に対

する答弁書（2018 年 6 月 19 日）、松山健二「憲法 9 条の交戦権否認規定と国際法上の交戦権」『レファレンス』11 月号（国立国会図書館、2012 年）.

186 内閣法制局編『憲法関係答弁例集（9 条・憲法解釈関係）』（内閣法制局、2016 年）、428-435 頁、高野雄一「［憲法 9 条］─ 国際法的にみた戦争放棄条項 ─」『日本国憲法体系 ─宮沢俊義先生還暦記念 ─ 2 巻 総論 II』（有斐閣、1965 年）、142-147 頁。山田賢司委員及び三上正裕外務省国際法局長、衆議院外務委員会議録 6 号（2018 年 3 月 30 日）、21-22 頁。

187 松原一雄『現行國際法下巻第一分冊』（中央大学、1924 年）、159-160 頁。

188 立作太郎『戦時国際法論』（日本評論社、1931 年）、50 頁。

189 信夫淳平『戦時國際法講義 1』（丸善、1941 年）、368-369 頁。

190 松原一雄『國際法要義』（有斐閣、1942 年）、331 頁。

191 長島、前掲（註 185）「質問主意書」に対する答弁書。

192 交戦権の存在を批判していた江藤は、交戦権を定義しないまま論じていたが、論旨からすると、国が戦いを交える権利と考えていたようである。江藤、前掲（註 20）『一九四六憲法』、85-90 頁。

193 関道雄「交戦権とは何か ─ 国際法の概念から見たその意味 ─」『時の法令 124 号』（1954 年）、30 頁。

194 前原光雄「交戦権の放棄」『国際法外交雑誌 51 巻 2 号』（国際法学会、1952 年）、117-133 頁。

195 定塚道雄「法学者はどう考えるか ─ 「戦力」と「交戦権」」『世界』5 月号（岩波書店、1952 年）、79-80 頁。

196 田村幸策、前掲（註 27）「日本国憲法と国際法との矛盾」、17-18 頁。

197 関、前掲（193）「交戦権とは何か」、30 頁。

198 1958 年 9 月 22 日に開催された萍憲法研究会における発言、赤坂幸一編『初期日本国憲法改正論議資料 ─ 萍憲法研究会速記録（参議院所蔵）1953-59』（柏書房、2014 年）、949-950 頁。

199 佐々木惣一『改定日本國憲法論』（有斐閣、1958 年）、235 頁。

200 憲法調査会『憲法制定の経過に関する小委員会 17 回議事録』（1959 年 2 月 12 日）、2、6 頁。海外調査時に当事者にインタビューした内容の報告による。廣田直美『内閣憲法調査会の軌跡　渡米調査と二つの「報告書」に焦点をあてて』（日本評論社、2017 年）、39-41、64-67、96-99、102-106 頁参照。

201 憲法調査会『憲法制定の経過に関する小委員会 26 回議事録』（1959 年 9 月 10 日）、17 頁、12-13 頁。主語によって意味が変わる可能性もある。

202 佐藤達夫「自衛戦争権は本当にないのか」『憲法うらおもて』（学陽書房、1962 年）、247-250 頁。

203 高野、前掲（註186）「［憲法9条］」、109頁。

204 筒井若水「日本国憲法における「国の交戦権」― 国際法の現状との関連における解釈 ―」『国際法学の再構築 上』（東京大学出版会、1977年）、151、165-166、175頁。

205 角田順「自衛権と自衛隊 ― 国防論昭和54年別冊1 ―」『世界と日本』（内外ニュース、1979年）、78-81頁。

206 江藤、前掲（註20）『一九四六年憲法』、86頁。

207 山口開治「自衛権と交戦権」防衛法学会編『防衛法研究』5号（内外出版、1981年）、16-17頁。

208 大平、前掲（註42）「九条と交戦権」、8-9頁。

209 小林直樹『憲法第九条』（岩波書店、1982年）、46-47頁。

210 佐藤功『憲法（上）〔新版〕』（有斐閣、1989年）、135頁。

211 浦部法穂『憲法学教室』（日本評論社、1991年）、130頁。

212 橋本公亘『日本国憲法〔改訂版〕』（有斐閣、1992年）、445-446頁。

213 C・ダグラス・ラミス「日本に「交戦権」が復活する道を開くな」『エコノミスト』6月号（毎日新聞社、1992年）、31頁、同趣旨で、同「オルタナティブとしての平和主義「国の交戦権」無化しよう」『理戦』65号（実践社、2001年）、22頁。

214 佐藤幸治『憲法〔第三版〕』（青林書院、1995年）、653頁。

215 大石義雄『日本憲法史と日本国憲法』（嵯峨野書院、1995年）、229頁。

216 佐々木、前掲（註35）『戦争放棄条項の成立経緯』、289-303頁。

217 竹花光範『憲法学要論 増補版』（成文堂、1998年）、184-185頁。

218 飯田忠雄『日本国憲法改正論 ― 日本国憲法の虚構と問題点 ―』（信山社、1998年）、187頁。

219 小針司『続・防衛法制研究（憲法・防衛法研究3巻）』（信山社、2000年）、86頁

220 藤田久一「国際化と憲法」『ジュリスト』1月号1192号（有斐閣、2001年）、53頁。

221 長谷部恭男『憲法　第3版』（新世社、2004年）、66頁。

222 細川壮平「憲法第9条と自衛権 ― 自衛権の意味 ―」『浜松大学研究論集』19巻2号（浜松大学、2006年）、312頁。

223 田中良則「「交戦権」とは何か ― 戦争裁判の視点から」『国体文化』日本国体学会編（里見日本文化学研究所、2013年9月号）、32-39頁。

224 鈴木英輔「「一国平和主義」との決別と責任ある積極的な国際貢献のために」『総合政策研究』52号（関西学院大学、2016年）、46頁。

225 篠田英朗『ほんとうの憲法 ― 戦後日本憲法批判』（筑摩書房、2017年）、242-244頁。同ブログ『日本国憲法の「非中立」性とアメリカ外交政策の「交戦権」否認の伝統 ～憲法9条解釈論その5 ～』（2017年05月24日）、http://shinodahideaki.blog.jp/archives/2017-05-24.html

226 水島朝穂ブログ『憲法研究者に対する執拗な論難に答える（その4・完）』（2017年10月20日）。上記、篠田の批判に答えるかたちで反論しているが、交戦権について"込み入っていた"ことを強調し、篠田の論証の方法を問題視するが、結局は篠田が提起した交戦権という概念が国際法上も憲法上も根拠の薄い用語である事実は認めている。本書の立場は、あくまで交戦権否認条項が危うい基礎の上にあることが、どういう効果をもたらしているかに関心があることから、両者の論争の細部には立ち入らない。

227 伊勢﨑賢治「9条を踏みにじる「駆けつけ警護」武力紛争と日本の国防を考える」『月刊TIMES』2月号（月刊タイムス社、2012年）、10-14頁。

228 小堀桂一郎「9条2項論議は主権問題である」『産経新聞』（2018年4月25日）。

229 古森義久「象徴天皇は私たちがつくった―チャールズ・ケイディスの証言」『WILL』2006年11月号（WAC、2006年）58-59頁。

230 森本、前掲（註114）『国防軍』、148-149頁、182-184頁、古森義久「憲法九条の成立について（元GHQ民政局次長）チャールズ・L・ケイディス氏インタビュー（1981年4月9日実施）」江藤、前掲（註24）『『占領史録3』、26-39頁。大平、前掲（註42）「九条と交戦権」、8-9頁参照。

231 憲法調査会、前掲（註201）『小委員会26回議事録』（1959年）、13頁。

232 大平、前掲（註42）「九条と交戦権」、8-9頁。

233 憲法調査会、前掲（註201）、『小委員会26回議事録』（1959年）。

234 小島、前掲（註5）「日本の新憲法」、374頁。

235 新井京「戦間期の英国における交戦権論争」『同志社法學』63巻1号（2011年6月）、527-593頁参照。

236 田村幸策、前掲（註27）「憲法と国際法との矛盾」、17-18頁。関、前掲（註193）「交戦権とは何か」、30頁。

237 衆議院議事速記録4号（1946年6月24日）、4頁。

238 衆議院議事速記録6号（1946年6月26日）、3頁。

239 衆議院帝國憲法改正案委員会議録5回（速記）（1946年7月4日）、2頁。

240 衆議院帝國憲法改正案委員会議録9回（速記）（1946年7月9日）、14頁。

241 衆議院帝國憲法改正委員会議録13回（速記）（1946年7月15日）、5頁。

242 貴族院帝國憲法改正案特別委員会議事速記録12号（1946年9月13日）、18-19頁。

243 同、26頁。

244 貴族院議事速記録39号（1946年10月05日）、6頁。

245 田中舘照橘『セミナー憲法（新版）』（ぎょうせい、1980年）、36-37頁、清宮四郎『憲法[第3版]』（有斐閣、1989年）、116-118頁、佐藤幸治『憲法（新版）』（青林書院、1992年）、575-576頁、宮澤、前掲（註107）『日本国憲法』、175-176頁、水島、前掲（註107）「第9条」、52-53頁、愛敬、前掲（註107）「第9条」、66頁。

246 〈法律用語辞典、テキスト等の記載〉

発行年	事典、テキスト （出版社）	著者・編者	該当頁	内　容
1979 年	新版新法律学辞典 （有斐閣）	我妻栄編	361	国際法上の説明とともに、憲法上との説明も加える。
1994 年	英米法事典 （東京大学出版会）	田中英夫編	94	交戦資格、交戦団体の定義を解説。
1995 年	INTERNATIONAL LAW, 2ND.ED. LITTLE, BROWN & COMPANY	Barry E. Carter, et al.	1295 ほか	belligerent(s) を中立法の観点から解説。jus ad bellum, jus in bello は別途解説。belligence の項目はなく、両者の連携は意識されていない。
1995 年	国際関係法辞典 （三省堂）	国際法学会編	なし	交戦区域、交戦国、交戦資格、交戦手段、交戦団体、交戦法規の見出し語のみ。交戦権の説明と連携する項目のみ。
1996 年	INTERNATIONAL CRIMINAL LAW, CAROLINA ACADEMIC PRESS	Jordan J. Paust et. al.	多数	belligerent に関し、多くの使用例があるが、いずれも combatant（戦闘員）と同義か、戦闘員資格、交戦団体、中立国の義務の意味で用いている。
1998 年	国際法辞典（有斐閣）	筒井若水編	なし	交戦区域、交戦国、交戦資格、交戦手段交戦団体、交戦法規の見出し語のみ。交戦権の説明と連携する項目はない。
2000 年	防衛用語辞典 （国書刊行会）	渡邉正行編	127	憲法、国際法の説明が政府答弁とともに混濁した説明になっている。
2011 年	NATIONAL SECURITY LAW, 5TH ED., WOLTERS KLUWER	Stephen Dycus, et al.	211, 234-35	jus ad bellum, jus in bello の項目はあるが、belligerenct は交戦団体の意。多くの軍関係の論文では、combatant と同義で用いる。
2011 年	英米法律語辞典 （研究社）	小山貞夫編	110	belligerency を交戦状態、交戦資格、交戦団体とする。belligerent right を国際法由来とし、交戦権を、①国家が戦争を行う権利、②国際法上交戦国が有する権利と訳し分けている。
2012 年	THE MAX PLANCK ENCYCLOPEDIA OF PUBLIC INTERNATIONAL LAW, OXFORD UNIV. PRESS	Rudiger Wolfrum ed	878- 882	内戦、交戦状態、交戦団体の承認、中立義務、占領、封鎖、戦争法規の観点から説明するが、国の開戦権説や交戦権者の権利総称という見地からの説明はない。
2012 年	THE LAW OF ARMED CONFLICT WOLTERS KLUWER	Geoffrey Corn, et al.	68, 69 135-36	内戦の際の交戦団体資格、戦闘員資格、中立の意義、占領について解説する。jus ad bellum, jus in bello の項目はあるが、belligerency と連携していない。
2013 年	国際関係・安全保障 用語辞典	ミネルヴァ書房	なし	交戦者資格、交戦団体承認の見出しはあるが、交戦権の項目はない。
2014 年	BLACK'S LAW DICTIONARY, 10TH ED., THOMASON REUTERS	Bryan A. Garne, ed.	184	国家の開戦権説及び 1863 年の南北戦争時の例として、交戦者資格が短く説明されている。交戦権者の権利の総称という記述はない。

247　学説の整理について、辻村みよ子『憲法（第 5 版）』（日本評論社、2016 年）、68-71 頁。
水島、前掲（註 226）ブログ。http://www.asaho.com/jpn/bkno/2017/1020.html

248 前原、前掲（註194）「交戦権の放棄」、74-89頁。また、交戦権否認条項の変遷の経緯、憲法学者の学説、政府解釈、判決例、国際法学者の学説等については、宮崎繁樹「交戦権について」『法律論叢』61巻4・5号（明治大学法律研究所、1989年）、39-69頁参照。

249 パリ宣言は、クリミア戦争後の1856年に採択された。正式名称は「海上法要義ニ関スル宣言」。私掠船の廃止、中立船の権利義務、封鎖の要件等を定める。これによって戦時における海上捕獲に関する原則が確立されたとされる。国際法学会編『国際関係法辞典』（三省堂、1995年）、644-645頁。

250 ロンドン宣言は署名するも未発効。1909年当時の欧米列強によって署名された海上中立に関するもの。正式名称は、「海戦法規に関する宣言」。戦時封鎖、禁制品の没収要件、中立船舶の臨検免除の条件等を定める。同『国際関係法辞典』806-807頁。

251 THE OUTLAWRY OF WAR AND THE LAW OF WAR, AMERICAN JOURNAL OF INTERNATIONAL LAW, 374, vol 47, no 3 (1953).

252 長島、前掲（註185）「質問主意書」に対する答弁書。

253 田中、前掲（註223）「「交戦権」と戦争裁判」、32-39頁。

254 1863年に一般命令100号（1863年4月24日戦争省総務局長発）として布告された。議会制定法より下位にあるものの、法典形式によって軍事委員会の存在、管轄等を認めたものであり、後の軍法の基礎となる。「合衆国陸軍戦場運用示達（Instructions for the Government of Armies of the United States in the Field）」と題し、リンカーン大統領の承認により，軍関係者向けに発出された。10節までであり、全157条からなる大部な命令である。JOHN FABIAN WITT, APPENDIX, GENERAL ORDER NO.100 (1863), IN LINCOLN'S CODE, THE LAWS OF WAR IN AMERICAN HISTORY, 375-398 (Free Press, 2012).

255 WILLIAM WINTHROP, MILITARY LAW AND PRECEDENTS vol II, 1322 (Beard Books, 2nd.ed. 2000) (1895).

256 Andrew Johnson, Order Establishing a Military Commission to Try the Lincoln Assasination Conspirators and the Opinion of the Attorney General Affirming the Legality of Using a Military Commission to Try the Conspirators, Order of the President, Prodeedings of a Military Commission, Convened at Wshington, D.C., (May 1, 1865).

257 GEORGE BRECKENRIDGE DAVIS, A TREATISE ON THE MILITARY LAW OF THE UNITED STATES, TOGETHER WITH THE PRACTICE AND PROCEDURE OF COURT MARTIAL AND OTHER MILITARY TRIBUNALS, 300-302 (The Lawbook Exchange, Ltd., 3rd.ed. 2007) (1898, 1915).

258 TRIAL OF GENERAL TOMOYUKI YAMASHITA, CASE 21, IV. LAW REPORTS OF TRIAL OF WAR CRIMINALS 1, UNITED STATES MILITARY COMMISSIONS, MANILA, October 7th Dec. 1945; *In re* Yamashita, 327 U. S. 1 (1946).

259 Lawrence J. Morris, Military Justice: A Guide to the Issues 175 (Praeger, 2010); Geoffrey S. Corn et. al., The Law of Armed Conflict: An Operational Approach 344 (Wolters Kluwer,

2012).

260 Neal K. Katyal, *Hamdan v. Rumsfeld: The Legal Academy Goes to Practicem*, 120, Harv. L. Rev. 65-123 (2006). このうち、マケイン上院議員提出の法案のタイトルは、Enemy Belligerent Interrogation, Detention, and Prosecution Act of 2010 (S. 3081) となっている。

261 Gideon M. Hart, *Military Commissions and The Lieber Code: Toward a New Understanding of the Jurisdictional Foundations of Military Commissions*, 52, 203 Military Law Review, (2010).

262 Jennifer K. Elsea and Michael J. Garcia, Cong. Research Serv. R42143, Wartime Detention Provisions in Recent Defense Authorization Legislation (2015).

263 Winthrop, *supra* note 255, at 42.

264 陸海軍規則、軍法と訳されることもある。1775 年、独立以前の植民地における各邦代表からなる会議体である。大陸会議によって制定され、当初はイギリス法の先例からの借用であったが、1776 年の独立後も修正を重ねて独自の発展を遂げたものである。将兵が完全に従う義務とされてきた。Whinthrop, *supra* note 255, at 947.

265 Morris, *supra* note 259 at 174; Corn, *supra* note 259 at 344.

266 この軍事委員会の仕組というのは、2001 年 9 月 11 日の同時多発テロの敵性戦闘員を裁くため、キューバのグアンタナモ基地に設置され、容疑者を虐待したとして、国内外から批判を浴びたものと同根である。その機能は、①戒厳令が布告され司法裁判所が閉鎖されている地域において、その裁判所を代行する法廷、②文民政府が機能していない場合、占領地において司法権を行使するための法廷、③戦争行為の一環として召集され、自国軍の軍事作戦を阻もうとする戦争法規に違反した敵戦闘員を戦争犯罪人として審理するための軍事法廷である。軍律や軍事法廷は 1776 年に制定された合衆国憲法より以前から存在しているが、合衆国憲法が議会に対し、「国際法（law of nations）に違反する犯罪を定義し、これを処罰する権限」を付与していることに由来する。

267 戦時及び終戦直後という特殊な時期に必要性に駆られて設置に至るという事情を考慮してか、独立戦争以来、南北戦争、第二次大戦等を生き抜き、2001 年の 9.11 同時多発テロを受けて復活した。その後、この軍事委員会は、一部の権限や運用が違憲とされたため、規模や権限を縮小しつつも、常設の機関として生まれ変わり、キューバのグアンタナモ基地に現存している。多くは遠隔地の戦場となった場所に設置され、議会による法的な関与を保障する規定もない。軍事の専門性を武器に、本国の政府高官よりも、現地に駐留する軍トップの影響力が強いとされてきた。

268 イギリス、アメリカ、オーストラリア、オランダ、フィリピン、中国、フランス、ソ連が挙げられる。林博史『BC級戦犯裁判』（岩波書店 , 2005 年）、75-117 頁、法務大臣官房司法法制調査部編『戦争犯罪裁判資料第 3 号戦争犯罪裁判関係法令集 第 III 巻』（1967 年）、茶園義男『BC級戦犯米軍マニラ裁判資料』（不二出版 , 1988 年）、236 頁。

269 岡田 泉「山下裁判と戦争犯罪に対する指揮官責任の法理（一）」『南山法学』第 26 巻第 3-4 号（2003 年）、39-40 頁参照。ただし、元を辿れば軍事委員会の設置は、1942 年 7 月 2 日の大統領の軍事命令（Military Order No.2, 1942）に行き着く。戦時、合衆国内に入国し、戦争法規に違反した敵戦闘員は、軍事法廷の管轄に服することを定める。TRIAL OF GENERAL TOMOYUKI YAMASHITA, UNITED STATES LAW AND PRACTICE CONCERNING TRIALS OF WAR CRIMINALS BY MILITARY COMMISSIONS, MILITARY GOVERNMENT COURTS AND MILITARY TRIBUNALS, 103-105 (1947); *In re* Yamashita, *supra* note 258 at 9, 11.

270 Trial of General Tomoyuki Yamashita, *supra* note 258 at 32, 43.

271 *Id.*

272 茶園義男『BC 級戦犯フィリピン裁判資料』（不二出版、1987 年）、181-185 頁。

273 *In re* Yamashita, *supra* note 258 at 1.

274 *Id.,* at 6.

275 1945 年 10 月 2 日に国際刑事法廷による戦犯容疑者の裁判の方針が固まり、12 月 8 日に GHQ 内に国際検事局（IPS）が設立の運びとなる。粟島憲太郎『東京裁判への道（上）』（講談社、2006 年）、47-49 頁。Douglas MacArthur, General of the Army, United States Army Supreme Commander for the Allied Powers, Special Peroclamation, Establishment of an International Military Tribunal for the Far East, (Jan. 19, 1946).

2 交戦権の意味・内容に関する政府の対応

276 ちなみに、憲法学者の見解としては、水島、前掲（註 107）「第 9 条」、52 頁、宮澤、前掲（註 107）、『日本国憲法』、1978 年）、175-176 頁、清宮四郎『憲法 1 —統治の機構— 3 版』（有斐閣、1979 年）、116-117 頁、深瀬忠一『戦争放棄と平和的生存権』（岩波書店、1987 年）、211-212 頁、愛敬、前掲（註 107）「9 条」、53-54 頁、芦部信喜著、高橋和之補訂『憲法 6 版』（岩波書店、2015 年）、56-58 頁、野中俊彦ほか『憲法 I 5 版』（有斐閣、2012 年）、179-181 頁。また、国際法学者の見解として、藤田久一『国際人道法（新版 再増補）』（有信堂高文社、2003 年）37-39 頁、横田喜三郎『戦争の放棄』（国立書院、1947 年）、60-65 頁。

277 衆議院議員稲葉誠一君提出「自衛隊の海外派兵・日米安保条約等の問題に関する質問主意書」に対する答弁書（1980 年 10 月 28 日）、西、前掲（註 8）『日本の安保法制』、40 頁、田村重信、前掲（註 51）『安保法制』、16 頁参照。

278 高野、前掲（註 186）「[憲法 9 条]」、142 頁。

279 国連憲章 2 条 4 項について、浅田正彦『国際法（3 版）』（東信堂、2016 年）、442-448 頁参照。

280 国連憲章 51 条について、浅田、同上、448-456 頁。

281 稲葉、前掲（註 277）「質問主意書」に対する答弁書。

参考文献　*153*

282　自衛隊法 88 条の参照条文『防衛実務小六法（平成 29 年度版）』（内外出版、2017 年）、115 頁。

283　山口、前掲（註 207）「自衛権と交戦権」、15-17 頁。

284　先の安保法制の質疑において、集団的自衛権の場合の自衛権行使と交戦権との関連について問われ、内閣法制局は、改めて自衛権行使と交戦権とは"別のもの"と答弁している。横畠裕介内閣法制局長官、衆議院我が国及び国際社会の平和安全特委会議録 8 号（2015 年 6 月 10 日）、43 頁。

285　衆議院議員森清君提出「憲法第九条の解釈に関する質問主意書」に対する答弁書（1985 年 9 月 27 日）。

286　秋山收内閣法制局一部長、参議院外交・防衛委員会会議録 5 号（1999 年 3 月 15 日）、14-15 頁、石破茂防衛庁長官、参議院イラク人道復興支援活動等及び武力攻撃事態等への対処に関する特別委員会会議録 14 号（2004 年 6 月 2 日）、8-9 頁。なお、山尾は、9 条 2 項を残し、最低限の範囲での"戦力"と"交戦権"を認めるとするが、技巧に過ぎ、区別する実益はないと考える。山尾志桜里『立憲的改憲　憲法をリベラルに考える 7 つの対論』（筑摩書房 2018 年）、357-379 頁。

287　高辻正巳内閣法制局長官、参議院予算委員会会議録 3 号（1969 年 2 月 21 日）、9 頁。

288　真田秀夫内閣法制局長官、衆議院内閣委員会会議録 27 号（閉会中審査）（1978 年 8 月 16 日）、26-27 頁。

289　松本、前掲（註 106）「質問主意書」に対する答弁書、『防衛白書』（防衛省、2017 年）、233-234 頁。

290　長島昭久『9 条 2 項改正、正面から国民に問え』（毎日新聞政治プレミア、2018 年 6 月 13 日）、http://mainichi.jp/premier/politics/articles/20180610/pol/00m/010/089000c

291　「長沼ナイキ基地訴訟第一審判決」『判例時報』712 号（判例時報社、1973 年）、73 頁。

292　「百里基地訴訟第一審判決」『判例時報』842 号、（判例時報社、1977 年）、62 頁。

293　ただし、中立国の義務についても、国連憲章の下においては、原則として武力の行使が禁止されていることを受け、伝統的な意味での戦争は認められず、そういう戦争観の変化の結果、戦時国際法のうち、戦争開始の手続や中立国の義務なども、戦争が違法でないことを前提とした国際法規がそのまま適用される余地はなくなったとする答弁がある。石井正文外務省国際法局長、衆議院外務委員会会議録 20 号（2014 年 6 月 11 日）、8 頁。

294　例えば、①条約の如何にかかわらず、通商を禁止すること、②敵国の居留民及び外交使節の行動制限、③自国内の敵国民財産の管理、④敵国との条約の破棄又はその履行停止、⑤敵国兵力に対する攻撃・殺傷、⑥防守地域及び軍事目標に対する攻撃・破壊、⑦敵国領土への侵入及びその占領、⑧敵国との海底電線の遮断、⑨海上の船舶及び敵貨の拿捕没収、⑩敵地の封鎖及び中立国の敵国に対する海上通商の遮断・処罰、⑪海上における中立国の敵に対する人的物的援助の遮断・処罰、高野、前掲（註 186）「[憲法 9 条]」、

154

142 頁。

295 戦地にある軍隊の傷者及び病者の状態の改善に関する 1949 年 8 月 12 日のジュネーヴ条約（第 1 条約）（傷病者保護条約）（1953 年条約 23 号）、海上にある軍隊の傷者、病者及び難船者の状態の改善に関する 1949 年 8 月 12 日のジュネーヴ条約（第 2 条約）（難船者保護条約）（1953 年条約 24 号）、捕虜の待遇に関する 1949 年 8 月 12 日のジュネーヴ条約（第 3 条約）（捕虜条約）（1953 年条約 25 号）、戦時における文民の保護に関する 1949 年 8 月 12 日のジュネーヴ条約（第 4 条約）（文民条約）（1953 年条約 26 号）、1949 年 8 月 12 日のジュネーヴ諸条約の非国際的な武力紛争の犠牲者の保護に関する追加議定書（議定書Ⅰ）（ジュネーヴ諸条約第 1 追加議定書（2004 年条約 12 号）、1949 年 8 月 12 日のジュネーヴ諸条約の非国際的な武力紛争の犠牲者の保護に関する追加議定書（議定書Ⅱ）（ジュネーヴ諸条約第 2 追加議定書）（2004 年条約 13 号）。

296 小針、前掲（註 219）『続・防衛法制研究』、86-88 頁参照。

3 立法例による交戦権否認条項の空洞化

297 事実関係については、衆議院外務委員会議録 18 号（1972 年 5 月 24 日）、衆議院外務委員会議録 20 号（1972 年 6 月 2 日）、大久保武雄『海鳴りの日々 ── かくされた戦後史の断層 ──』（海洋問題研究会、1978 年）、206-258 頁、読売新聞戦後史班編『「再軍備」の軌跡：昭和戦後史』（中央公論社、2015 年）、8-260 頁、鈴木英隆「朝鮮戦争に出撃した日本特別掃海隊 ── その光と影」『戦史研究年報』（防衛研究所、2005 年 3 月）、26-46 頁、谷村文雄「日本特別掃海隊の役割」『戦史研究年報』（防衛研究所、2003 年 3 月）、216-229 頁、平間洋一「隠れた参戦国「日本特別掃海隊」の戦い」『丸』（潮書房光人社、2008 年 8 月）、98-103 頁、鹿野信行「戦史史話 日本掃海隊の朝鮮戦争参加」『軍事史学』（軍事史学会、1998 年 6 月）、76-87 頁、神谷武久「朝鮮戦争の日本掃海部隊」『軍事研究』（ジャパン・ミリタリー・レビュー、1994 年 7 月）、88-101 頁参照。

298 19 条（d）には、「日本国は、占領期間中に占領当局の指令に基づいて若しくはその結果として行われ、又は当時の日本国の法律によって許可されたすべての作為又は不作為の効力を承認し、連合国民をこの作為又は不作為から生ずる民事又は刑事の責任に問ういかなる行動もとらないものとする」と規定されており、当時の下田武三外務省条約局長も、その旨を答弁している（衆議院外務委員会議録 27 号（1954 年 3 月 27 日）、21 頁）。

299 占領直後に発出された一般命令（General Order）2 号を根拠にした占領軍指令に基づくようだ。国内法の法的根拠については、いずれも神谷武久、前掲（註 297）「朝鮮戦争の日本掃海部隊」、92 頁、平間、「隠れた参戦国」、102 頁、大久保、『海鳴りの日々』、208-213 頁、鈴木、「日本特別掃海隊」、5-7 頁。なお、一般命令については、明確な法令上の定義は見当たらないが，施策の実施または決定機関から発令される恒久命令として用いられる法形式とされる。http://www.dictionary.com/browse/general-order

参考文献　155

300　憲法調査会、前掲（註 16）『報告書付属文書 5 号』（1955 年）。

301　和田、前掲（註 54）「戦後の国際環境」、63-65 頁。

302　当時、後藤田官房長官は、「日本の防衛というものは憲法 9 条に基づいて日本の専守防衛の観点ででき上がっておるものだ…。いやしくも海外派兵と紛らわしい、誤解を受けるような扱い方であってはいけない」と述べ、9 条の解釈との関係から慎重論を述べた（後藤田内閣官房長官、参議院内閣委員会会議録 3 号）、20 頁。

303　もちろん、国益上の判断で出すべきではないという判断が前提としてありながら、外交上、表に出すことは望ましくないという判断はあり得るし、その理由を使わない方便として 9 条を使うことは、政治的にはあり得る選択肢と言える。憲法解釈との関係について、和田、前掲（註 54）「戦後の国際環境」、79 頁。

304　中曽根康弘内閣総理大臣、衆議院内閣委員会会議録 6 号（1987 年 8 月 27 日）、47 頁。

305　海部俊樹内閣総理大臣、衆議院会議録 20 号（1991 年 4 月 25 日）、4 頁。

306　『日米防衛協力のための指針』（1997 年 9 月 23 日）。真山全「日米防衛協力の指針と機雷の除去」防衛法学会編『防衛法研究』22 号（内外出版、1998 年）、159-173 頁参照。

307　『日米防衛協力のための指針』（2015 年 4 月 27 日）、現在は自衛隊法 84 条の 2 で本来任務化されている。「日米新指針、機雷掃海・船舶検査を明記　集団的自衛権に」（日本経済新聞、2015 年 4 月 21 日）。

308　安倍晋三内閣総理大臣、参議院我が国及び国際社会の平和安全法制に関する特別委員会会議録 20 号（2015 年 9 月 14 日）、20 頁。

309　同、参議院我が国及び国際社会の平和安全法制に関する特別委員会会議録 11 号（2015 年 8 月 21 日）、11-12 頁。

310　中谷元安全保障法制担当大臣、参議院我が国及び国際社会の平和安全法制に関する特別委員会会議録 3 号（2015 年 7 月 28 日）、11-12 頁。

311　石破茂『国防』（新潮社、2005 年）49-50 頁。

312　水島、前掲（註 107）「第 9 条」、52-53 頁。米英両国を「占領国」と認めたうえで、「占領国でない他の諸国が当局（統合占領司令部）の下で現在活動し、又は将来活動しうることに留意」するとしている安保理決議 1483 の前文から、自衛隊が米英占領当局の下で活動することは「当該占領当局の下で」軍事占領統治の一翼を担うとする見解が示されている。

313　山内敏弘『新現代憲法入門（第 2 版）』（法律文化社、2009 年）、267-268 頁。

314　林景一外務省条約局長、参議院外交防衛委員会会議録 5 号（2003 年 4 月 15 日）、13 頁。

315　武力攻撃事態等及び存立危機事態におけるアメリカ合衆国等の軍隊の行動に伴い我が国が実施する措置に関する法律（2004 年法律 113 号）。田村重信、前掲（註 51）『安保法制』、302-312 頁を参照。

316　中谷元安全保障法制担当大臣、参議院我が国及び国際社会の平和安保法制に関する特別

委員会会議録 7 号（2015 年 8 月 4 日）、33 頁。

317 村瀬、前掲（178）『自衛権の現代的展開』、3-28、249-299 頁。なお、政府も、一般国際法という言い方で、国連憲章以外の自衛権の存在を認めている。高村正彦外務大臣、衆議院外務委員会会議録 4 号（1998 年 9 月 18 日）、14 頁。

318 武力攻撃事態における外国軍用品等の海上輸送の規制に関する法律（2004 年法律 116 号）。田村重信、前掲（註 51）『安保法制』、335-346 頁参照。

319 同法の合憲性に関して、安念潤司「有事法制と交戦権」『ジュリスト』1279 号（有斐閣、2004 年 11 月 15 日）、33 頁参照。

320 以下、松山、前掲（註 7）「交戦権否認規定と第三国」の整理を適宜借用する。

321 東郷和彦外務省条約局長、参議院日米防衛協力のための指針に関する特別委員会会議録 10 号（1999 年 5 月 21 日）、23 頁。

322 小松一郎外務省国際法局長、参議院外交防衛委員会会議録 2 号（2006 年 10 月 24 日）、5-6 頁。

323 同、参議院国土交通委員会会議録 7 号（2006 年 12 月 14 日）、3 頁。

324 同様の問題意識として、長島昭久、衆議院武力攻撃事態対処特別委員会会議録 5 号（2004 年 4 月 20 日）、21 頁。

325 1948 年法律 136 号。7 条は、警察官が、犯人逮捕・逃走防止、自己・他人の防護、公務執行に対する抵抗の抑止のため必要であると認める相当な理由のある場合は、その事態に応じ合理的に必要と判断される限度で武器使用を認める（警察比例）。ただし、正当防衛・緊急避難、一定の重罪を犯した容疑者が抵抗するとき、他に手段がないと信ずる相当な理由があるときに限って、危害射撃を認めるという限定された武器使用である。

326 N・K「国家総動員体制と裏腹？の「国民保護法」案　自衛隊 — 米軍の連携で「交戦権」「集団的自衛権」行使の事態も」『国会画報』（麹町出版、2004 年）、11 頁。

327 石破防衛庁長官及び飯原防衛庁防衛局長、衆議院武力攻撃事態対処特別委員会議事録 8 号（2004 年 4 月 23 日）、31 頁。森川幸一「武力攻撃事態海上輸送規制法と国際法」『ジュリスト』1279 号（2004 年 11 月 15 日）、16-17 頁。

328 石破茂防衛庁長官、参議院会議録 24 号（2004 年 5 月 26 日）、10 頁。

329 水島、前掲（註 107）「第 9 条」、52-53 頁。

330 吉田靖之「国連海上阻止活動の法的考察」『法学政治学研究』43 号（1999 年冬季号）（慶応義塾大学出版会、1999 年）、2 頁、黒崎将大「封鎖」『国際関係・安全保障用語辞典』（ミネルヴァ書房、2013 年）、264-265 頁。

331 テロ対策海上阻止活動に対する補給支援活動の実施に関する特別措置法（2008 年法律 1 号）。この法律の題名及び 1 条（目的）の冒頭が示すように、「我が国がテロ対策海上阻止活動を行う諸外国の軍隊…に対し…海上自衛隊による給油その他の協力支援活動…」の継続をめざすものであったことから、我が国も、その活動の一翼を担っていたと言え

参考文献　*157*

る。田村重信、前掲（註 51）『安保法制』、398-405、513-528 頁参照。

332　テロ対策海上阻止活動に対する補給支援活動の実施に関する特別措置法（2008 年法律 1号）。

4　自衛権の及ぶ地理的範囲と敵国の対応

333　廣中雅之『軍人が政治家になってはいけない本当の理由　政軍関係を考える』（文藝春秋、2017 年）、190-191 頁。

334　長島昭久『「遠くは抑制的、近くは現実的」が民主党の基本方針』（nippon.com 知られざる日本の姿を世界に、2015 年 6 月 1 日）、https://www.nippon.com/ja/features/c02102/

335　稲葉、前掲（註 277）「質問主意書」に対する答弁書。

336　松永信雄外務省条約局長、衆議院内閣委員会議録 8 号（1975 年 12 月 9 日）、30 頁。

337　角田禮次郎内閣法制局長官、衆議院内閣委員会議録 4 号（1981 年 4 月 7 日）、18 頁。

338　同、衆議院内閣委員会議録 8 号（1975 年 12 月 9 日）、30 頁。

339　政府は、「我が国が自衛権の行使として我が国を防衛するため必要最小限度の実力を行使することのできる地理的範囲は、必ずしも我が国の領土、領海、領空に限られるものではなく、公海及び航空にも及び得るが、武力行使の目的をもって自衛隊を他国の領土、領海、領空に派遣することは、一般に自衛のための必要最小限度を超えるものであって、憲法上許されない」とする。森、前掲（註 285）「質問主意書」に対する答弁書。

340　敵基地攻撃と自衛権の範囲についての統一見解。船田中防衛庁長官代読、前掲（註 106）衆議院内閣委員会 15 号（1956 年 2 月 29 日）、1 頁。

341　安倍晋三内閣総理大臣、参議院我が国及び国際社会の平和安保法制特別委員会議録 4号（2015 年 7 月 29 日）、7 頁。

5　国際法及び国際社会の姿勢

342　外務省『ウクライナに関する G7 首脳声明（仮訳）』（2014 年 3 月 12 日）、http://www.mofa.go.jp/mofaj/fp/pc/page4_000400.html

343　外務大臣談話『南シナ海に関するフィリピンと中国との間の仲裁（仲裁裁判所による最終的な仲裁判断）』（2016 年 7 月 12 日）、「［緊迫・南シナ海］仲裁裁判所の裁定は「紙くず」「中国に裁定に従うよう強制してはならない」中国元外交トップが米で講演、介入牽制」『産経新聞』（2016 年 7 月 6 日）、「逆境の習近平氏に助け舟？　南シナ海判決、中国の硬軟両様」『日経新聞電子版』（2016 年 7 月 20 日）。

344　クリミア問題への対応としては、ウクライナに関する G7 声明に続いて、アメリカ主導の国連安保理決議案（S/2014/189）が提出されたが、ロシアの拒否権によって否決された（3 月 15 日）。投票結果は、賛成 13、反対 1（ロシア）、棄権 1（中国）であった。続いて3 月 27 日、国連総会において、安保理決議と同様の決議案が採決に付され、賛成 100、

反対 11、棄権 58 の賛成多数で採決されたが、居直ってしまえば現状は変わらない。なお、廣瀬陽子「ロシアによるクリミア編入 ─ ロシアの論理と国際法」『法学教室』406号（2014年7月）、44-54頁参照。

345　中国への対応としては、2018年4月25日から28日にASEAN首脳会議が開催され、議長声明において、法的・外交的プロセスの完全な尊重や国連海洋法条約を含む国際法に基づく紛争の平和的解決へのコミットメントが確認されるとともに、南シナ海における埋め立てへの懸念や非軍事化及び自制の重要性が強調された。しかし、中国は一方的な現状変更の試みを活発化させ、南沙諸島に通信設備やレーダー等の電波妨害装置の設置、ミサイルシステムの配備、爆撃機の発着訓練を実施させ、軍事基地化は留まるところを知らない。なお、濱本正太郎「南シナ海仲裁判断の射程 ─ 法的根拠、経緯、その意義を見る」『外交』（2016年9月）、23-29頁参照。

346　陸戦ノ法規慣例ニ関スル条約（1912年条約4号）24条、1949年8月12日のジュネーヴ諸条約の犠牲者の保護に関する追加議定書（議定書I）（2004年条約12号）37条2項、藤田久一『新版国際人道法（再増補）』（有信堂高文社、2005年）、120頁。

347　竹本、前掲（註162）163-166頁。

348　第1追加議定書I、37条1項。

349　Dycus, *supra* note 246 at 234; Corn, *supra* note 259, at 2.

350　自由民主党『日本国憲法改正草案（現行憲法対照）』（2012年4月27日（決定））、4-5頁。シビリアン・コントロールや軍法会議の設置を記載している。https://jimin.ncss.nifty.com/pdf/news/policy/130250_1.pdf

351　軍事法廷のあり方について、軍法会議の設置だけではなく、敵戦闘員の処罰も管轄に加えることについて、前掲（註146）拙稿「軍法会議の今昔」、217-218頁参照。

おわりに

352　前掲（註237）衆議院議事速記録参照。

353　吉國一郎内閣法制局長官、参議院予算委員会会議録5号（1972年11月13日）、2頁。

354　例えば、玉木雄一郎、衆議院会議録2号（2018年1月24日）、14頁、「自衛隊明記「今までと変わらないなら不要」」『東京新聞』（2018年4月8日）。

あとがき

　本書では、国会決議について触れている章があるが、違和感をもった読者がいるかもしれない。なぜ9条2項と関係が薄いと思われる項目を書き入れたのか。自衛官OBから、自衛隊の海外派遣について、この決議の存在によって、自衛隊の活動が制約されている事実を指摘されたからである。筆者は、政策実務に携わる者として、何度か国会の決議案の文案を起案したことがあるが、筆者のような立法技術の素養のない者の手による案文でも、法的拘束力をもたせなければ了承されていた。決議とはそういうものであった。国会決議の法的性格を論じることによって、決議の等身大の姿を理解してもらいたかった。これが決議の法的性格を扱った理由である。

　話は、GHQのケーディス大佐が、マッカーサー草案にあった「交戦権」という文言をGHQの憲法草案に挿入した経緯に飛ぶ。彼自身は交戦権の意味を知らず、日本側からの指摘があれば、いつでもおろすつもりだったし、彼にはその権限もあったと述懐する。他方、わが国の法制局担当者が交戦権の意味を正確に理解していなかったという疑問や、英訳文の策定に当たって、事務的なミスがあったという証言もある。「交戦権」の用例は、国際法の教科書や辞典にも確たる定義が掲載されていない。「戦いを交える権利であって、戦争ができない国になったからこれでいいんだ」という声が聞こえてきそうだ。

　しかし、わが国の憲法解釈では、普通の日本語の読み方とは異なり、内閣法制局が試みた「種々の国際法上の権利の総体」というものである。その結果は本文で触れたように、現場に意図せざる影響を及ぼし続けている。内容を十分に理解していない者同士がお互いその事実を認識しないまま案文を策定し、それが帝國議会の審議に付され正式な条文となった。大きな議論がなくわが国の憲法の一部になった事実は、必ずしも大きな問題がなかったことを意味するものではない。

　筆者が体験した国会決議の文言であれ、GHQが主導した憲法の条文であれ、一旦定まれば独り歩き始め、「止め!」の号令が響くまで存続する。憲法の条

項と、法的拘束力がない決議との決定的な違いは、憲法が法的拘束力の源泉であることである。誰かが異議を唱えなければ、問題が固定化されてしまう。本書ではこのような問題意識が背景となっている。

　本書を終えるに当たって、触れておかなければならないのは、憲法問題に関する長島昭久衆議院議員との議論である。いただいた議論の過程で得られたアイディアのいくつかが本書の根底に流れている。この間、関係省庁や立法府の事務局の皆さんからは、関係資料の提供に加え貴重な助言をいただいたが、それなしでは本書は到底完成に至らなかった。ここに改めて感謝したい。お名前を挙げるべきであるが、ほとんどが公務に携わっておられる。いただいた資料やご助言は、公務の中立性に触れたり守秘義務に反するものはなかったが、お名前を挙げることでご迷惑になることがはばかられ、匿名にさせていただいた。本書の意見にわたる部分は筆者個人の見解であり、事実誤認があったとすればひとえに筆者に帰すべきものである。最後に、本書を執筆するに当たり、数か月にわたり家中が資料に埋もれた状態になったが、この状態に耐えてくれた妻に頭を下げたい。

　本書が9条2項の戦力と交戦権の意味を理解する上で、読者の参考になれば幸いである。

　2019年1月

著者

■著者紹介

佐々木　憲治（ささき・けんじ）

衆議院議員 政策担当秘書。
南山大学法学部（国際関係論）卒、内閣官房内閣参事官室等を経て
民社党政策審議会。アメリカン大学ロースクール国際関係法修士。
新党友愛政策委員会を経て民主党政策調査会、内閣官房専門調査員
（政権与党時）。防衛研究所一般課程修了、防衛大学校総合安全保障
研究科後期課程（単位取得退学）。

憲法9条2項を知っていますか？
— "戦力"と"交戦権"のナンセンス —

2019 年 3 月 10 日　初版第 1 刷発行

■著　　　者──佐々木憲治
■発 行 者──佐藤　守
■発 行 所──株式会社大学教育出版
　　　　　　　〒700-0953　岡山市南区西市 855-4
　　　　　　　電話(086)244-1268㈹　FAX(086)246-0294
■印刷製本──モリモト印刷㈱
■Ｄ Ｔ Ｐ──林　雅子

© Kenji Sasaki 2019. Printed in Japan
検印省略　　　落丁・乱丁本はお取り替えいたします。
本書のコピー・スキャン・デジタル化等の無断複製は著作権法上での例外を
除き禁じられています。本書を代行業者等の第三者に依頼してスキャンやデ
ジタル化することは、たとえ個人や家庭内での利用でも著作権法違反です。

ISBN978-4-86429-998-5